成风化人

（2020）

——北京师范大学宣传思想工作研究

主　编　袁　慧
副主编　王　娟

光明日报出版社

图书在版编目（CIP）数据

成风化人：北京师范大学宣传思想工作研究.2020／袁慧主编；王娟副主编.－－北京：光明日报出版社，2023.5

ISBN 978-7-5194-7278-8

Ⅰ.①成… Ⅱ.①袁… ②王… Ⅲ.①北京师范大学—宣传工作—研究 Ⅳ.①G651

中国国家版本馆 CIP 数据核字（2023）第 096168 号

成风化人：北京师范大学宣传思想工作研究.2020
CHENGFENG HUAREN：BEIJING SHIFAN DAXUE XUANCHUAN SIXIANG GONGZUO YANJIU.2020

主　　编：袁　慧	副主编：王　娟
责任编辑：刘兴华	责任校对：宋　悦　李海慧
封面设计：中联华文	责任印制：曹　净

出版发行：光明日报出版社
地　　址：北京市西城区永安路 106 号，100050
电　　话：010-63169890（咨询），010-63131930（邮购）
传　　真：010-63131930
网　　址：http://book.gmw.cn
E - mail：gmrbcbs@gmw.cn
法律顾问：北京市兰台律师事务所龚柳方律师
印　　刷：三河市华东印刷有限公司
装　　订：三河市华东印刷有限公司
本书如有破损、缺页、装订错误，请与本社联系调换，电话：010-63131930

开　　本：170mm×240mm	
字　　数：180 千字	印　张：12
版　　次：2024 年 4 月第 1 版	印　次：2024 年 4 月第 1 次印刷
书　　号：ISBN 978-7-5194-7278-8	
定　　价：68.00 元	

版权所有　　翻印必究

序 言

党的十九大以来，以习近平同志为核心的党中央，着眼实现中华民族伟大复兴的中国梦，面对世界百年未有之大变局，科学回答了事关党的宣传思想事业长远发展的一系列带有根本性、战略性、全局性的重大问题，引领宣传思想工作守正创新，不断强起来，凝聚起奋进新时代的磅礴力量。作为党的宣传思想工作重要组成部分，高校宣传思想工作的开展对于其全面贯彻党的教育方针，坚持社会主义办学方向，培养中国特色社会主义事业的建设者和接班人具有重要而深远的意义，而加强和改进宣传思想工作是当前各高校面临的一项重大而紧迫的战略任务。

为进一步贯彻落实全国高校思想政治工作会议和中央31号等文件精神，学校设立宣传思想工作专项课题，用以资助教师对高校宣传思想工作和思想政治工作共性问题的研究。2020年，学校老师积极响应，从不同学科领域、多个审视角度深入研究学校宣传思想工作。诸多可操作性研究内容一方面探索出了学校宣传思想工作新手段、新方式，产生了一批具有代表性的优秀成果，推动了教师在理论研究中深化对教育规律、育人规律的认知，提升了学校宣传思想工作的专业化、科学化、规范化水平；另一方面也为学校加快"双一流"建设提供了重要参考。

该文集作为北师大教师在实际工作中不断总结实操经验、挖掘研究题材、深入理性思考的科学结晶，集中体现出老师们"抬起头服务、沉下心科研"的履职能力，是北师大教师们投身教育事业、奉献孜孜热情、立德树人的缩影，也是北师大宣传思想工作科学高效开展的智慧保障之一。党委宣传部将系列优秀成果汇编出版，则进一步推动了高校宣传思想工作理论研究成果的社会孵化，扩大了高校理论集萃的辐射范围，为弘扬北师大"学为人师，行为世范"的校训精神提供了良好平台。

目 录
CONTENTS

上 篇

关于加强和改进高校党委理论学习中心组学习的几点思考 ………… 3

高校理工院系开展大学生思想政治教育研究
　　——基于科研育人视角 ……………………………………… 13

以美育人：从美育教学实践谈起 …………………………………… 19

基于核心素养理论的高校资助育人理论和实践体系
　　——以北京师范大学为例 …………………………………… 28

北京师范大学"一体两翼"宣传机制一体化研究 ………………… 36

新时代高校危机事件网络舆情应对研究 ………………………… 53

下 篇

龚道溢：对学生负责，对学问负责 ………………………………… 67

李正荣：教学中的浪漫主义与现实主义 …………………………… 75

林琳:怀揣梦想,掌握坚持 …… 83

徐斌:在众声喧哗中追求真理 …… 87

熊晓琳:干一行,爱一行,精一行 …… 94

章伟文:秋水无痕,上善若水 …… 100

胡帅:梦想的路上我一直在奔跑 …… 106

刘凯:在伟大的时代里追求梦想 …… 111

陈桄:永葆学习的初心和好奇心 …… 118

赵春明:摘下自己的翅膀送给学生飞翔 …… 124

李渊:在成长的路上 …… 132

周红敏:好课多"磨" …… 136

闫东鹏:做一名谦虚的求学者 …… 141

冯刚:改革开放以来高校思想政治教育工作的经验与展望 …… 147

改革开放:春风润物细无声 …… 162

木桶原理:补上你的短板! …… 167

摒弃零和博弈,走向合作共赢 …… 170

《童年的秘密》中蒙台梭利的智慧名言 …… 174

《民主主义与教育》中杜威的智慧名言 …… 177

《大教学论》中夸美纽斯的智慧名言 …… 180

上 篇

关于加强和改进高校党委理论学习中心组学习的几点思考

徐蕾　袁萍[1]

摘　要：党委理论学习中心组学习制度跟随党内几次学习高潮，历经萌芽直至确立，实现了从指导意见到党内法规的蜕变，彰显出这一制度的时代性、科学性和实践性。全面分析当前高校党委理论学习中心组学习制度的执行情况，以实际问题为导向，从强化主体责任以增强学习自觉性、抓好各个环节以增强学习严肃性、兼顾学习要素以增强学习实效性三个方面着力，加强和改进高校党委理论学习中心组学习，是发挥这一制度更大优势、推动高等教育高质量发展的应然之举。

关键词：党委理论学习中心组学习制度；优势特点；高校；执行现状；加强改进

党委理论学习中心组学习制度作为领导干部在职理论学习的重要形式之一，伴随着党内几次学习高潮演进发展、不断完善，制度优势日趋彰显。结合当前高校党委理论学习中心组学习制度的执行实际，以问题为导向，思考进一步加强和改进这项制度的方法路径，对于高校党委理论学习

---

[1] 作者简介：徐蕾，北京师范大学党委巡视工作办公室副研究员，高等教育学专业；袁萍，北京师范大学马克思主义学院博士研究生，思想政治教育专业。

中心组学习制度发挥更大优势，有效提升学校各级领导干部的政治理论水平和治校理教能力具有重要意义。

一、党委理论学习中心组学习制度的发展脉络和优势特点

中国共产党的百年发展历程证明，党委理论学习中心组学习制度的产生并非偶然，而是中国共产党历来高度重视学习尤其是领导干部学习这一优良传统的必然结果。中国共产党在学习中诞生并发展壮大，党委理论学习中心组制度亦在这一过程中历经初创、探索和形成阶段，不断完善成熟。党的六届六中全会后，由时任中组部部长陈云组织并担任组长的六人学习小组，可以被看作是今天党委理论学习中心组的前身。1941年，中共中央成立由毛泽东担任组长，以中央委员为范围的中央学习组，并发布《关于高级学习组的决定》，规定各地及军队均需设立高级学习组，并配备组长、副组长及秘书各一人，成为党委理论学习中心组学习制度的雏形。新中国成立后，党在干部培训教育及党员学习教育方面做出了众多有益尝试，党内学习制度逐步走向规范化，为党委理论学习中心组学习制度的确立积累了内容、方法、管理和反馈等方面的宝贵经验。

1993年11月，中共中央下发《关于学习〈邓小平文选〉第三卷的决定》，首次于中央文件中使用"党委中心组"这一名称，使党委中心组学习制度得以正式确立并予以推广。为进一步确保这一制度的执行与落实，中共中央先后于2000年、2008年和2017年发布了三份指导性文件（文本概况如表1所示），对党委理论学习中心组的性质定位原则、内容形式要求以及组织管理考核等方面做了明确规定[2017年发布的《中国共产党党委（党组）理论学习中心组学习规则》将"党委中心组"改为"党委理论学习中心组"]，成为各级党委开展集中理论学习所依据的重要党内法规。通过对制度文件进行文本分析发现，这一制度体现出与时俱进、问题导向和便于落地等特点和优势。

表1　党委理论学习中心组学习制度相关文件的文本概况

发布时间	文件名称	发布机构	内容结构
2000年9月	关于加强和改进党委（党组）中心组学习的意见（以下简称2000版《意见》）	中组部、中宣部	5大项16条，包括"重要性""目的和内容""学风""学习制度""组织领导"
2008年9月	关于进一步加强和改进党委（党组）中心组学习的意见（以下简称2008版《意见》）	中共中央办公厅	4大项15条，包括"重要性""学风""制度和管理""组织领导"
2017年1月	中国共产党党委（党组）理论学习中心组学习规则（以下简称2017版《规则》）	中共中央办公厅	5章17条，包括"总则""组织与职责""学习内容、形容与要求""学习管理、考核与问责""附则"

1. 坚持与时俱进，体现出时代性。首先，制度文件从指导性意见上升为党内法规，制度的规范性、权威性不断增强，是制度建设紧随马克思主义学习型政党建设推进，立足新时代全面从严治党、制度治党新要求的重要体现。其次，学习内容随着党的理论创新亦不断丰富发展，2017版《规则》中囊括了马克思列宁主义、毛泽东思想、邓小平理论、"三个代表"重要思想、科学发展观、习近平总书记系列重要讲话和治国理政新理念新思想新战略等9个方面的学习内容。最后，程序设置逐渐细化完善，包括健全学习组织、严格学习管理、进行学习检查和考核等环节，尤其是督查、考核的方式也更加明确，并建立了上报、通报和问责等机制。

2. 坚持问题导向，体现出科学性。2000版《意见》在"三、努力改进学风"的第7条中指出，"要坚持以我国改革开放和社会主义现代化建设的实际问题、以我们自己正在做的事情为中心"，着眼于对实际问题的理论思考。2008版《意见》在此基础上，又在"二、大力弘扬理论联系实际的马克思主义学风"的第 5 条中提出"紧紧围绕党和国家的中心工作,围绕实现全面建设小康社会的宏伟目标,把学习理论同研究解决人民最关心、最直接、最现实的利益问题结合起来,同研究解决本地区本部门改革发展稳定中的重大问题结合起来,同研究解决党的建设中存在的突出问题结合起来"。而现行的 2017 版《规则》分别在"第一章第三条"和"第三章第十条"中,明确提出"坚持问题导向、注重实效"和"坚持问题导向,提高运用党的基本理论解决实际问题的能力"的学习要求,强调在理论学习的基础上,以学习成果转化为重点,切实增强领导干部解决问题的能力,真正做到"学以致用"。

3. 坚持便于落地,体现出实践性。党委理论学习中心组学习制度的相关文件在执行实践中不断修订更新,框架日渐清晰、要求逐步具象。以现行的 2017 版《规则》为例,文件共分为五章,对理论学习中心组的组织建构,具体的学习内容、学习形式、学习管理以及考核反馈和问责等方面都做出了明确规定,使制度落地的每一步都有据可循。比如,理论学习中心组的基本架构直接根据 2017 版《规则》的第二章精神即可实现。再比如,2017 版《规则》的第三章第九条直接给出了党委理论学习中心组可采取的学习形式,包括"集体学习研讨""个人自学"和"专题研讨",同时还就具体如何操作做出了细化指导;第四章第十二条中关于督查考核具体方式的规定,给制度执行提供了具体抓手,避免了制度落地难等情况。

二、高校党委理论学习中心组学习制度的执行现状

高校党委理论学习中心组[①]在领导干部在职学习这一重要环节上,积累了丰富的实践经验和做法,取得了一定成效。但出于各种主客观原因,制度在执行过程中仍存在一些差异和不足。客观分析执行现状,汲取正反

---

① 本文关于高校党委理论学习中心组学习制度的分析,除特别所指之外,泛指学校和院系两级党委理论学习中心组。

两方面的经验,是加强和改进高校党委理论学习中心组学习制度针对性实效性的有效前提。

1. 组织架构整体完整但具体配备各有差异。2017版《规则》中明确指出高校党委理论学习中心组学习成员应由党委（党组）领导班子成员组成,并可根据具体学习情况适当吸纳有关成员参加。具体工作中,党委书记作为中心组理论学习的第一责任人,负责履行审定学习计划、确定学习研讨主题、主持学习研讨以及指导检查中心组成员学习等职责;负责宣传思想工作的成员是学习的直接责任人,配合党委书记做好学习组织工作;此外,必须配备学习秘书,由宣传部、党委办公室、组织部或者机关党委等机构负责人担任。目前,大部分高校都已具备较为完整的组织架构,但在具体人员构成方面存有差异。比如,学习秘书的设置作为组织好党委中心组学习任务的关键环节,有的高校较为重视,直接配备了专职秘书,而有的高校则采用兼职形式予以配备,且担任学习秘书的人选在政治素养和业务能力等方面参差不齐,导致学习质量与效果差异化显著。

2. 制度建设仍是中心组学习的薄弱环节。目前高校党委理论学习中心组学习的制度建设成为不少高校存在的突出问题。其一,有的高校在依据2017版《规则》制订学校层面的制度文件时,未能结合自身特色和实际情况对制度执行的各个环节逐一规范,如在学习计划、学时认定、考核评价以及建立学习档案等方面未形成科学而具体的制度体系,导致理论学习中心组制度在具体落地时存在困难,无法从根本上保证学习成效;其二,有的高校所制订的制度文件陈旧,未根据新形势、新任务的变化予以及时修订和完善,存在跟不上、不对路等现象;其三,有的高校未规范学习档案,如学习通知、笔记、记录、成果和纪要等重要记录未进行分类归档,杂乱无章,甚至东拼西凑,直接影响到这一制度的权威性。

3. 学习各环节的组织和引导有待加强。在学习活动环节方面,有的高校存在临时安排学习、会前准备不足、会上发言内容不充分、讲解层次较浅等问题；有的高校在学习内容的选取和设计上存在系统性连贯性不足等情况。在学习形式方面，大部分高校以集体学习讨论为主，对座谈研讨、讲座报告、读书会和参观实践调研等方式的运用还不够充分。在学习态度方面，普遍存在中心组成员学习积极性主动性不足，被动式学习、应付了事，以业务工作繁忙为由，出现理论学习的时间和精力投入不足等现象；有的中心组成员在参加学习的过程中还存在走马观花的现象，比如在参观学习中，认为参观结束即意味着学习的结束，没有将集体学习和参观体会内化于心、外化于行；此外，有的中心组成员将学习理论与工作实际相结合的意识不足，在将所学用于推进业务工作的开展方面仍有较大进步空间。

4. 督查考核环节是重点也是难点。2017版《规则》中对理论学习中心组学习情况的督查考核主体、方式和程序等做出了明确规定，各高校党委基本按照文件要求设置了督查考核环节。在考核内容上，大部分高校从中心组组长的履职情况、成员学习任务的完成情况、学习秘书的负责情况、指导工作中运用理论情况、领导班子完善决策推进工作情况以及加强党性锻炼情况等方面入手；在方式方法上，大部分高校采取的是过程性考核，以出勤率、理论学习笔记、读书报告等来考核成员的学习效果，部分高校还辅以结果性考核，通过考试考核、撰写理论文章或调研报告等情况来评判。在督查考核环节方面，制度设计容易实现，但各高校在具体操作中对于考核标准、严格程度的把握是重点也是难点，直接影响着这项制度的权威性和效果的显现。

三、加强和改进高校党委理论学习中心组学习的思考和建议

中国特色社会主义进入新时代为高等教育发展带来了诸多新挑战，对高校领导干部的理论水平和素质能力也提出了更高要求。充分发挥高校党委理论学习中心组学习制度的优势，坚持好、运用好这一重要制度安排，

对于提升领导干部思想政治素养，不断增强办学治校能力，切实推动高等教育高质量发展具有重要意义。针对当前制度执行的实际情况，应从以下几个方面着力，推动高校党委理论学习中心组学习制度落地见效。

（一）强化主体责任，增强学习自觉性

高校党委理论学习中心组成员同时也是校院两级的党委班子成员，既要求其懂管理、善教育，还要求其勤学习、善思考。作为理论学习的最前沿群体，应把学习看作是一份责任、一种使命、一种精神，树立起"三个自觉"。

一是树立政治自觉。自觉将学习看作提升自身政治素养的方式和途径，始终保持理论学习的政治定力，通过学习提升自身的政治鉴别力与政治敏锐度。自觉运用马克思主义的立场、观点和方法解决工作中的难题，善于从政治高度思考学校发展全局。尤其应坚持用习近平新时代中国特色社会主义思想指导办学实践，在"为谁培养人、培养什么样的人、如何培养人"等关系到办学宗旨与办学方向的问题上多思考、多反思、多下功夫。

二是树立思想自觉。自觉将学习看作自身的职责和使命，深刻认识到自己是科学理论的第一学习人和宣传科学理论的第一责任人，深刻认识到高校是学习研究马克思主义理论以及培养社会主义建设者和接班人的第一阵地。树立起高度的责任意识，将学校的办学方向、定位、宗旨以及办学特色等对标新时代高等教育发展的新形势和新要求，在工作实践中充分展现理论学习的成果与成效，推动学校高质量发展。

三是树立行动自觉。学习不是目的，重要的是学用结合，真正学懂、弄通、做实。要注重将理论学习成果运用到业务工作当中，把党的基本理论和国家重大决策部署作为治校理教的方向与指导，带着理论所学的成果思考管理学校、服务师生的重大问题，在理论学习与实践运用相结合的过程中提高自身治校理教的能力和本领，为办好人民满意的高等教育助力。

（二）抓好各个环节，增强学习严肃性

党委理论学习中心组学习制度，具有鲜明的政治性、导向性和规范性，如果没有严明的学习纪律做保障，缺乏有效的规范和制度约束，那么理论学习的成效也就无从谈起。高校党委应把抓好"三个严"贯穿学习始终。

一是严格落实制度。每学期制定科学的中心组学习计划，明确参与范围、学习时间，精心设计、合理安排学习内容，在此基础上有计划、规范有序地开展学习，维护好学习计划的严肃性。同时积极适应党和国家形势发展的新需要，适时对原有的学习计划予以调整，做到原则坚定性与策略灵活性相统一。

二是严明学习纪律。坚持党委理论学习中心组学习，贵在严明学习纪律，严格考勤制度，从严从实强化理论武装。要按计划、讲态度、守规矩，增强学习主动性、创造性，发扬理论联系实际的马克思主义学风。校级领导班子成员还应经常深入所联系的院系、单位指导督促二级中心组学习，强化制度的严肃性。

三是严肃监督检查。上级主管部门或学校党委要加强对落实中心组学习制度的监督检查，重点从学习计划、内容、时间和成效等方面进行检查，总结成绩，查找问题，加强交流，推广经验。同时，要把领导班子和领导干部学习情况作为年终考核的重要依据，把理论学习情况纳入党建工作述职评议考核和党员民主评议等重要工作当中，全面强化党委理论学习中心组学习的监督考核。

（三）兼顾学习要素，增强学习实效性

抓好领导干部理论学习，关键在于把握学习主题，丰富学习内容，创新学习形式，这也是充分发挥好中心组学习制度实效性的基础和前提。因此，要不断坚持并完善这一重要制度安排，必须抓好"三个注重"。

一是注重学习内容的系统性。学习内容是学习是否有成效的关键，学

习内容既要考虑学习过程的连贯性,确定好整个学习过程中的学习主线与内在遵循,还要考虑到学习内容的时代性与前瞻性,将时代性要求深入到常规学习内容中去,突出内容的与时俱进,注重思维的创新与活力的激发。一方面,将党的最新理论创新成果纳入学习内容体系中,学习习近平总书记系列重要讲话,深刻领会讲话精神,在理论学习的过程中不断提升自己的政治素养与实干本领;另一方面,将国家的重大教育方针政策作为学习的重要内容,深刻把握其中蕴含的教育理念,将其作为引导学校办学治校的重要遵循,继而将所学转化为具有指导性和实操性的制度与机制等。

二是注重学习形式的科学性。高校党委理论学习中心组的学习形式虽然一直在丰富,但主要学习形式仍旧是个人自学与集中研讨、文本研学与实践参观等处于传统框架内的模式。这些形式基本属于单向学习的范畴,容易流于形式,不能保证学习实效。创新学习形式,应探索实行理论学习中心组成员备课制度,比如每次学习活动由一位成员就某一主题进行备课、讲课,既能够促进学习的自觉性,又能够在交流中调动起全体成员学习与思考的积极性。创新实践形式,可采取多样化的调研式实践活动,比如有针对性地确定调研主题与调研方案,精心安排调研内容,让成员们在调研中发现问题、解决问题、总结经验,进而提升运用所学理论解决实际问题的能力。

三是注重学习成果的转化应用。高校党委理论学习中心组的学习事关学校的长远发展、文化氛围以及领导干部的政治素养、执政能力。通过理论学习推动学校发展中的重点难点问题、深层次问题的解决,加强调查研究和学习成果运用,是这项学习制度最终的价值所在。高校党委要牢牢把握习近平新时代中国特色社会主义思想的精神实质,深刻理解"为谁培养人、培养什么样的人、如何培养人"等重大问题,联系学校实际做到学以致用,使理论的学习与运用成为提高干劲、凝聚人心、振奋精神的重要动力，推动学校各项事业的高质量发展。

参考文献：

[1] 习近平谈治国理政（第一卷）[M]．北京：外文出版社，2018．

[2] 习近平．在"不忘初心、牢记使命"主题教育工作会议上的讲话[M]．北京：人民出版社，2019．

[3] 吴林根．中国共产党干部教育九十年[M]．上海：东方出版中心，2011．

[4] 马丽．坚持和善用理论学习中心组学习制度[N]．学习时报，2019-05-01（001）．

[5] 孔祥利．以问责防治"为官不为"：现状特点与制度反思——基于39份省级层面的制度文本分析[J]．中共中央党校学报，2018，22（5）．

[6] 黄存金．新时代加强高校党委理论学习中心组学习的思考[J]．北京（德育）教育，2018（4）．

[7] 余颖颖，陈新根，龚晓伟．党委中心组学习的由来和发展[J]．学校党建与思想教育，2013（2）．

[8] 延安学习运动期间高级学习组相关文献选载[J]．党的文献，2011（2）．

高校理工院系开展大学生思想政治教育研究
——基于科研育人视角

冉欣　北京师范大学核科学与技术学院

陈金波　北京师范大学生命科学学院

教育部在2017年底发布的《高校思想政治工作质量提升工程实施纲要》指出，要破解高校思想政治工作不平衡不充分的问题，需要构建课程、科研、实践、文化、网络、心理、管理、服务、资助、组织等十大育人体系。《关于加强和改进新形势下高校思想政治工作的意见》（以下简称《意见》）明确提出了"三全育人"的总要求。科学研究作为重要的育人体系之一，蕴含着丰富的育人资源，承载着举足轻重的育人功能。高校理工院系要以立德树人为根本，积极探索科研育人的规律，将科研育人与"三全育人"相结合，有助于为国家培养创新型、应用型和复合型人才。

一、科研育人契合思想政治教育的内在规律

在《意见》中，除了要求强化马克思主义理论学科和其他人文社科的育人作用外，还提出理学、工学、农学、医学等各类学科要结合自身专业特色，引导和教育大学生树立理想信念、培养职业道德、肩负时代使命。马克思曾说过，"科学绝不是一种自私自利的享乐，有幸能够致力于科学研究的人，首先应该拿自己的学识为人类服务。"科研工作是一种循序渐

进、艰难探索的过程，科技创新的基础在"人"，科研工作中最重要的就是人的科研精神的养成。科研精神中的严谨、创新、务实、刻苦努力等品质是随着科研工作实践逐渐培养起来的，这也正是立德树人根本任务的价值导向。《意见》中还要求，"要把思想价值引领贯穿教育教学全过程和各环节。"理工院系的教师可以通过教学和科研来培养与激发学生的学习、创新和创造能力，带动学生的科研热情，启迪学生的科研兴趣，将科学研究作为题材对学生进行思政教育，引导学生服务于国家重大需求。理工院系的科研氛围也是进行思想政治教育的场域，在潜移默化中引领学生的价值追求。由此可见，科研育人契合思想政治教育的内在规律和整体目标。

二、目前高校理工院系开展科研育人中存在的问题

目前部分高校对于科研育人的重视程度不够，对于科研育人的内容和定位不清晰，对于科研育人的制度和机制不健全。理工院系缺乏对科研育人工作的整体安排部署以及职责任务的细化分解，缺乏对科研育人效果的考评、量化和激励，缺乏相关的保障或经费支持等。对于比较好的科研育人方法没有形成模式固化下来，工作内容泛化，系统性和连贯性较差。

部分理工院系专业课教师对于当前高校面临的新形势、新任务、新挑战认识不足，简单地认为思想政治教育是思政工作者的任务和要求，对自身教书育人的职责使命理解不到位，对自身在科研育人中的能力和优势认识不足，对理工专业学生的特点和诉求了解不到位，也不善于运用理工科目中的思政元素开展育人工作。理工院系的管理者及教辅人员未能有效运用科研育人资源与专业课教师形成"三全育人"的氛围，彼此之间缺乏沟通和联动，使得"科研"与"育人"工作结合不够紧密。

三、高校理工院系开展科研育人的路径探索

1. 挖掘科研育人资源，拓展教育形式

理工院系专业课的特点是自然科学与科学技术内容多，意识形态和人文社科内容少，高校理工院系需要结合专业特色发挥育人实效，挖掘理工门类思想政治教育资源，拓展教育形式，有助于多学科专业的教育教学与思政课同向同行、协同育人。

首先，科研育人的内涵是丰富的。教师除了教会学生科学研究的方法，还可以帮助学生树立科学报国理想，培养一丝不苟的科研作风，掌握严谨认真的科学思维，形成求真务实的科研诚信，建构团结协作的科研团队等，这些都涵盖在科研育人的范畴中，需要我们有意识地去挖掘。我们也可以弘扬与本学科相近的优秀精神品质来鼓舞士气，如载人航天精神、"两弹一星"精神、科技创新与工匠精神……或者将科研工作者案例做分享，一批批老一辈优秀科研工作者的事迹是取之不尽、用之不竭的教育资源，是深入人心的鲜活素材，如黄大年的科技报国精神，屠呦呦的锲而不舍精神，钱三强的求是创新精神……科学领域蕴含着重要的思想政治教育元素，可以让学生见贤思齐，鞭策激励自己，从而将科研育人的理念贯穿于培养学生的始终。

其次，科研育人的方式是多样的。可以组织召开形式多样的班会活动，让学生了解杰出科研人员的事迹和精神；可以在学院文化建设中塑造文化墙，线上线下通过影视资料、多媒体平台宣传科技工作者的丰功伟绩，营造积极向上的人文环境；可以为学生开设"科学论坛"，学院邀请国内外的本领域专家、学者开展系列讲座，拓宽学生视野，接受前沿科学动态，营造浓厚学术氛围；在假期实践中，可以组队带领学生参观与自身科研相关的企业，建立实习基地，积极推荐学生开展实践活动，一方面有利于学生求职就业；另一方面在实习实践中提早树立学生的职业价值观，

培养责任意识，让学生提前了解这个大众创业、万众创新的背景下合格从业者的职业品质，提前了解科研人员需要具备的精神，从而有意识地学习、效仿，内化为自身的品质。

党的十九大报告指出，"把加快建设创新型国家作为现代化建设全局的战略举措，坚定实施创新驱动发展战略。"科研育人体系符合国家战略需求，满足社会发展需要，同时也满足学生现实需要。理工院系要把握科研服务人才的培养原则，营造学院浓郁的学术氛围，打造优势的学术团队，把教学与实践相结合，引导学生将个人发展与国家需求相结合，努力将科研育人与思想政治教育相融合。

2. 完善科研育人保障制度

由于高校教师自身的科研压力大，特别是年轻教师还面临职称评聘等问题。学校首先应当强化教师教书育人的天职，避免教师将主要精力放到评职称等个人方面，促进教师聚焦人才培养的主职主业。其次，还要鼓励教师将科研成果融入教育教学中，加大教学在职称评定过程中的比重，在师德师风建设中，对科研育人方面有突出成效的教师予以奖励。

最后，应建立学生开展科研活动的鼓励机制，引导学生积极参加各类实践活动，要加大科研创新在奖学金评比过程中的比重，帮助学生在科研实践中提升能力；加大经费投入等保障机制，提供科研仪器设备，增加开放力度，使学生有更多的机会参与到科研实践中，以制度建设保障科研育人整体水平提升。

3. 建立协同育人机制

高校理工院系需要以"三全育人"为指引，从顶层设计上建构互联、互通、互动的协同育人体系，调动各方力量守好一段渠、种好责任田，形成协同效应。

首先，作为培养学生的第一责任人，理工院系的专业课教师要强化自身传道授业解惑的师者身份，带领学生开展科研工作，把科研项目的完成过程当成是思想和品质的塑造过程。教师应该通过带领学生做课题、做项目，培养学生独立思考的能力，不厌其烦地指导学生逐步掌握科学研究的方法，总结和反思科研工作之中的失败和不足，更重要的是身体力行为学生做示范，而不是为了完成科研任务指派学生工作，甚至是干私活。教师在指导学生撰写论文时也要高标准严要求，除了指导学生学术论文的要领和规范，更重要的是强化学生对于科研诚信的恪守和遵循。特别是专业课党员教师，可以深度挖掘科研工作中的思政育人元素，结合专业到博物馆、纪念碑、科研院所或者仪器设备前为学生讲党课，讲好革命故事、讲好科技工作者的故事。

其次，作为学校的领导，要有意识地帮助学生建立正确的人生观和价值观，注重学生品行塑造。如入学教育初始就让学生感受学院的学风，明确各项规章制度以及学生培养的相关要求，签订实验室安全责任书，让学生在最开始就端正态度，养成良好习惯。学院层面还可以聘请已经毕业且从事科研工作的优秀校友作为学生的校外导师，时常组织开展校友经验交流活动，将校友在实际科研工作中的感受和认识传达给在校生，让学生从前辈或者平辈身上学习优秀品质。

最后，作为学生的辅导员教师要注重与专业课教师沟通，探索一、二课堂联动的机制，组织相关课外活动、主题教育，打通现存盲区和断点，保障育人全覆盖。院系要对理工院系专业课教师以及各教辅人员开展培养和培训，明确所有教育工作者协同育人的目标和方向，促进教师充分理解专业育人和思政育人的共通性，促进所有教职工熟悉了解理工科目中可运用的思政元素，大家相互配合，取长补短，凝聚育人合力，构建协同育人格局。总之要发挥不同岗位和群体的育人功能，就需要在学院范围内形成协同联动的机制，真正做到全员、全过程、全方位育人形成合力，推动科研育人取得实效。

在新时代背景下，高校要以"立德树人"为根本任务，以"三全育人"为指引，理工院系应当将科研育人作为开展学生思想政治教育的有效抓手，构建主体协同、多维立体的育人模式，探索如何使教育者、管理者、受教者三者之间形成合力，实现思想政治教育"盖不全"到"全覆盖"的转变，力求凸显 1+1>2 的整体作用。

以美育人：从美育教学实践谈起[①]

摘　要：本文以高校美育实践为基础，结合具体的项目实践，从美育教学实践案例谈起，从而更进一步阐释美育的基本理解、属性特点。特别是在美育与艺术教育之间，如何理解美育的宽范畴、大格局，将是本文对美育基本理解的重点。

关键词：美育教学；美育性；艺术教育

作者信息：张璐，北京师范大学艺术与传媒学院副教授；牛昱坤，北京师范大学艺术与传媒学院硕士研究生

2020年，中共中央办公厅、国务院办公厅印发了《关于全面加强和改进新时代学校美育工作的意见》，就全面贯彻党的教育方针，加强和改进新时代学校美育工作进行了系统设计和全面部署。10月16日，教育部体育卫生与艺术教育司司长王登峰介绍，美育中考要在试点基础上尽快推广，到2022年力争实现全覆盖，全面实行美育中考。探索将艺术类科目纳入中考改革试点，纳入高中阶段学校考试招生录取计分科目。说到美育的政策、方针，这并不是头一次，2013年党的十八届三中全会提出"改进美育教学，提高学生审美和人文素养"，2015年国务院办公厅印发《关于全面加强和改进学校美育工作的意见》，2018年8月习近平总书记给中央美

[①] 本文为北京师范大学宣传思想课题资助的阶段性成果，2020年。

院 8 位老教授回信，2018 年 9 月习近平总书记在全国教育大会上对美育工作做出重要指示，2019 年 3 月全国两会期间，习近平总书记看望文艺界、社科界委员时，对文化文艺工作又提出明确要求，2020 年 9 月 22 日，习近平总书记在教育文化卫生体育领域专家代表座谈会上强调加强和改进学校美育。

一、关于美育的基本理解

1903 年王国维先生的《论教育之宗旨》一文是我国最早使用"美育"概念并对其加以界定的论文之一。到了蔡元培先生的"美育代宗教"，对美育的概念及定位，有了明确的含义指向。"我向来主张以美育代宗教，而引者或改美育为美术，误也。欧洲人所设之美术学校，往往只有建筑、雕刻、图画等科，并音乐、文学，亦未列入。所谓美育，则自上列五种外，美术馆的设置，剧场与影戏院的管理，园林的点缀，公墓的经营，市乡的布置，个人的谈话与容止，社会的组织与演进，凡有美化的程度者，均在所包。"① 蔡元培的理念更多的是从社会语境中阐明美育的含义，以一种公共文化场域的构建为基础凸显了美育中对于美的普泛性的特点。同时，在内容方面兼顾了文学、礼仪、美术、建筑等诸多方面的审美性，某种程度上，便渗透出万物身上所持有的"美育性"的理解。

然而，如果从美育中的"育"字出发，以教育为出发点，美育是培根铸魂的教育，是审美教育、情操教育，也是丰富想象力和培养创新意识的教育，提升审美素养、陶冶情操、温润心灵、激发创新活力。事实上，在"教育"的大范畴中，总是会以人格论作为基本出发点来衡量教育的成效，而对于美育的定位而言，却总是由于其不可量化性，使得美育的范畴有时过于宽泛而不能被具化。但作为目标性导向，它总是会在音乐教育、舞蹈教育、美术教育、书法教育等具体的艺术教育门类中彰显出其自身的隐性

---

① 蔡元培. 以美育代宗教 [J]. 现代学生，1930 (3).

含义，如果限定到学校艺术教育的范畴中，它的功能、属性以及形式就会被物化、具化。

也正由于此，美育和艺术教育关联性很强，甚至在很多情况被混淆为同一概念。事实上，艺术教育并非美育。从学科而言，艺术教育更多的是在"教育学""艺术学"等学科概念进行的学科体系建设，这里的"艺术"表现在其功能性及技术性层面，但美育则更多偏向于"哲学"学科而达到的人格培养，美育教育不仅限于艺术门类的教育，它是以全覆盖的"美育性"理念实现教育。艺术教育更多的展现出过程、手段和方法。美育则关注于大概念背景下的美育在实现美育的过程中，艺术教育实践只是其中一条最为丰满、便捷的路径。"由于期望'艺术'，观众们不得不在特定的时间和地点去欣赏演出的节目，但他们在音乐厅里能听到和见到的却是他们在其他时间和地点同样能够遇到的。如果他们能够学会对这些有所反应，那么，当他们离开音乐厅后，也能够对周围的一切引起反应。"①

二、关于美育的属性特点

高校美育所具备的属性特点应当从美育课堂和美育实践等方面中去发现，其中，当我们所面对的受众是学生时，人文关怀便一马当先地成为美育的属性特点之一。

早在古希腊时期，人们在创造了哲学、史学以及戏剧等内容之外，其实还创造了早期的教育。在公元前5世纪至公元前4世纪的雅典逐渐系统化时，教育就有了一段历史，并呈现出四方面重要特点②：首先，它在所辖的七门学科中对人类的知识进行了系统的解释。这七门学科分别是语法、修辞、逻辑、算术、几何、天文和音乐，它们在几个世纪以后的中世

---

① 《新格罗夫音乐与音乐家辞典》，cage 条目。
② 阿伦·布洛克. 西方人文主义传统［M］. 董乐山，译. 北京：群言出版社，2012：7-8.

纪最终为大学教育奠定了最初的基础。其次，它产生了一种没有书本的条件下进行教学与辩论的技术，它以语言的掌握、思想的精确和论辩的熟练为基础。再次，它奠定了西方文明一个伟大的设想，即可以通过教育来对人的个性品德进行塑造。最后，培养优秀的人是它的宗旨，其中就包括了影响力和领导才能这些从事公共事务的人所必备的品质。希腊人认为扮演这种社会角色是一个人有人文素养的重要表现。

第一，古希腊时期的这种教育理念不仅基本涵盖了教育的门类、强调了其意义性，更重要的是它提出了如何以一种科学的、思辨的态度来完成具有人文关怀的美育精神。同时，在延续了几千年的中国文化中，也始终与人文精神、人文思想、人文素养相联系。早在西周时期，就出现了我国最早的宫廷音乐机构"大司乐"，它的主要目的就是为了配合礼乐制度，维护周王朝的统治地位，但从其主要的教授内容与职能来看，它以教授王公贵族子弟音乐知识、技能为主，确是我国古代第一所音乐学校。艺术教育在我国始终保持着较强的功能性的延续发展。儒学作为东方人文主义的重要基石，是两千余年以来中国人文主义巨潮的主流。应当说，中国艺术文化都是在人文思想、人文精神影响中形成的。这一特点不仅影响了中国传统艺术的发展观，更成为美育核心内涵的体现之一。美育中始终强调对人的培养与人的素养，寻根溯源，体现了人文关怀的过程。

第二，对于美育的功能性特点十分明确。"美育不仅能陶冶情操、提高素养，而且有助于开发智力，对于促进学生全面发展具有不可替代的作用。要尽快改变学校美育工作薄弱的状况，将美育融入学校教育全过程。中小学要加强音乐、美术课堂教学，高等学校应要求学生选修一定学时的包括艺术在内的人文学科课程。开展丰富多彩的课外文化艺术活动，增强学生的美感体验，培养学生欣赏美和创造美的能力。"[①] 从这个角度而言，

---

① 1999年6月，中共中央、国务院颁发《关于深化教育改革全面推进素质教育的决定》，第六条。

美育与艺术教育殊途同归,都充分体现出了"育"的部分。然而,美育中的"育"要从深层解读,它不限于艺术的美,更有生活的美、科学的美、社会的美、时间的美、空间的美等等。

第三,以文化土壤中的美育发展为视角,关注美育环境的宽范畴、大格局。"生存、团结、自知是人类永远要面临的挑战。面临这些挑战,人类已学会了用科学技术这个工具,形成了社会和文化习俗,创造了哲学和宗教体系,并建立了各种表达自己情感的方式。所有这一切就是我们所称的文化。"[①] 詹珊敏《西方人文传统研究(500—1800)》主要就是研究了西方15世纪到18世纪创造性的文化遗产,这本书给人最大的启发不是在于其对西方艺术作品的阐释,而是以一种人文科学的大视野来关注了西方艺术文本、文化及含义。这也如同艺术人类学始终倡导的那样,在文化中对待艺术应该是其基本的态度。因此,对于美育而言,它首先应当被置于我国的文化体系与土壤下,从王国维先生提出的美育概念,到蔡元培先生的《美育代宗教》,从教育部制定的艺术教育课表,到国务院颁布的美育支持政策,我们真正要寻求的是具有中国特色文化的美育课堂。而中国特色的美育课堂,更多的体现出了其宽范畴、大格局的特点,无论是美育路径拓展,还是美育理念的实践,无论是艺术教育课堂教学,还是传统课堂教学,在新时代下,更多地体现出对于"美育性"的理解。应当说,艺术实践课堂是关联性最大的美育路径,但绝不仅限于此,美育所强调的是具有审美精神与意识的美育性,这是对所有课堂的新要求。

三、关于美育的路径研究

以学生为受众,美育应具有的属性特点有人文关怀、功能明确和中国特色这三点。如何更普泛、更全民惠及、更全面均衡的实现全民美育?北京市作为国家政治文化的中心,大胆创新,响应国家号召,为贯彻全民美

[①] 詹珊敏.西方人文传统研究(500—1800)[M].武汉:武汉大学出版社,2012:1.

育做出了尝试。2020年是开展"北京高等学校社会力量参与小学体育美育发展工作"项目（以下简称"高参小"项目）实施六周年收官之年。这一项目的初衷是为了让学生在学校就可以享受到来自高校的优质教育资源，通过课程建设、学校建设、师资培育、文化引领、资源共享各个方面通力合作，努力实现教育优质均衡发展，改善教育资源分配不均和改变轻视体育、美育的观念和做法。笔者认为"高参小"项目的实施既是对全民美育的推进，也为全民美育的实现提供了新的思路。

首先，"高参小"项目目标是面向全员，全面进课堂。通过全新的课程规划，参与校往往采用"金字塔"的教学结构：

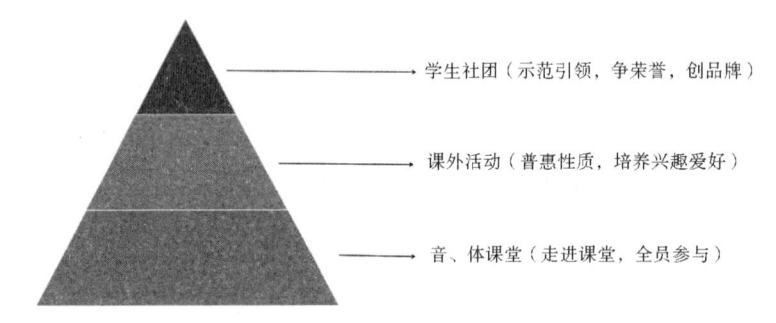

学生社团（示范引领，争荣誉，创品牌）
课外活动（普惠性质，培养兴趣爱好）
音、体课堂（走进课堂，全员参与）

在音乐、体育课堂中，通过高校资源置换，既给学生带来了更优质、更系统的美育学习，又"授人予渔"，提升中小学教师的专业素养，促进师生共同进步。"高参小"项目的第二层，在基础教育之外增加了很多课外活动，这些课外活动不局限于音乐与体育，扩展到了戏剧、书法、绘画、合唱等不同门类，通过培养学生的个人兴趣点，帮助学生找到自己的发展方向。充分体现了我国美育教育的人文关怀和普惠全员，发挥了体育美育的育人功能，也提升了学生的核心素养。

"高参小"项目的第三层作为金字塔的塔尖，以学校社团为切入点，由天赋较高、各有特长的学生组成的学生体育、艺术社团是课堂教育的延伸，也是校园文化的重要组成部分，对于提高中小学生的体育素质、审美情趣和人文素养，营造健康向上的校园育人环境，具有重要作用。学生社团不仅可以为全校同学做出示范，发挥带头引领作用，还能够借助高校社会平台资源，通过参加比赛塑造学校品牌，为学校增光添彩。一方面检验了"高参小"的教学成果，另一方面也激发了学生参与美育教育的积极性，从第一课堂走向第二课堂，进而融入学生的学习与生活当中，陶冶情操，健全人格，实现全面的发展。

在第三层次中，由于每个学校的基础与情况不同，往往因校制宜，从学校现有资源出发进行美育教学。据了解，北京昌平区巩华学校在2019年的"高参小"项目的戏剧教学中，融入了本校合唱社团作为演出的一部分。实践证明，排演过程中学生的接受速度非常快，一定程度上也启示了现当代美育教育的发展趋势——从本土文化出发。对学生而言，家乡是自己生长的地方，家乡的地方文化、社会价值是每个人最熟悉、最能接受、最耳濡目染、最根深蒂固的传统文化，对艺术的接受也是如此。比如音乐，民族民间传统音乐有其自身的社会文化土壤，带有明显的地域性，充分因地制宜，发挥地域优势，挖掘本地的传统音乐文化资源，开发具有地方特色的传统音乐课程，一方面有利于学生更好地感受和把握传统音乐内涵，对此有兴趣的学生会从第一课堂走向第二课堂，不断深入探索，学习更多；另一方面，将民族民间传统音乐作为一门课程，有利于民族民间传统音乐得到更好的保护和传承。

回到高校课堂中，以《中国民族音乐作品鉴赏》大课堂为例，通过一学期中国民族音乐作品的知识讲解、个案鉴赏以及文化解读等教育过程，学生们在结课作业中，多数还是能体现出课堂的成果性。这一课程让学生熟悉、丰富了对我国民族音乐的认知与理解，如民族情感一般，民族音乐是定义民族心理、建立文明认同、培养爱国主义情操的重要媒介，加强其与校园文化生活的往来，通过对民族音乐的学习，不仅能够帮助学生树立正确的人生观、世界观、价值观，而且能够帮助学生塑造高尚的道德情操，是培养音乐素养过程中举足轻重的一环，也是实现具有中国特色文化美育课堂的重要一步。只有让一些传统的、小众的民族音乐文化走进学生的视野，才能激发大家对民族音乐的关注度和敏感度；也只有赋予民族音乐传承下去的生命力，才能从本质上提升学生的音乐素养和情操品位。从民族文化的角度来讲，这也意味着真正的文化传承和精神弘扬，让学生体会到代代相传的民族文化与当今时代的血脉相连。

（图片信息：北京师范大学2020—2021秋季学期全校本科生选修课《中国民族音乐作品鉴赏》课堂，授课教师：张璐；选课人数：376人）

音乐育人，音乐美人的文化理念在民族音乐教学过程中应该更加积极鲜明地体现，民族音乐拥有极其深厚的文化底蕴，在流传过程中也积攒了较为丰富的人文理念，如果将这种极富文化底蕴的音乐带入高校美育中，可以极大地提升学生的精神文明，而美育教育的内核对综合培养学生的"内在素质"具有极大要求。事实上，近代以来中国美育思想本土发生发展延续不断，如何建立具有中国特色的美育教育，如何更普惠的实现全民美育，如何提高美育教学效率、优化美育教学过程是我们应该思索的问题。美育教育注重学生情感思维的抒发，学生的心理和情感的发展，激发学生心智的启发，完善美育教育的实现路径，对学生精神的解放、人格的完善、综合素质的提升有着重要的意义。

参考文献：

[1] 阿伦·布洛克. 西方人文主义传统 [M]. 董乐山，译. 北京：群言出版社，2012.

[2] 席勒. 美育书简 [M]. 徐恒醇，译. 北京：社会科学文献出版社，2016.

[3] 方海光. 教育大数据：迈向共建、共享、开放、个性的未来教育 [M]. 北京：机械工业出版社，2016.

本文已发表在 2021 年 5 月"学习强国·中国文化传媒期刊"，并且，在发表版本里已经标注本文为北京师范大学宣传思想课题资助的阶段性成果，2020 年。

基于核心素养理论的高校资助育人理论和实践体系

——以北京师范大学为例

张冉　周彩云[*]

（北京师范大学，北京 100875）

摘　要：党的十八大以来，我国高校学生资助工作不断发展，实现了从保障型资助向发展型资助的重大拓展。在保障学生基本物质需求的前提下，不断强化育人导向，更加注重家庭经济困难学生的多维贫困帮扶。本文深入分析家庭经济困难学生群体特征，以中国核心素养理论为基础，结合北京师范大学的工作实践，从文化基础、自主发展和社会参与三个方面构建了高校资助育人理论和实践体系。

关键词：家庭经济困难学生；资助育人；中国学生发展核心素养

一、引言

学生资助是一项中央关心、社会关注、群众关切的保民生、暖民心工程，寄托了党和政府对家庭经济困难学生群体的关爱。高校学生资助更是承载了千万经济困难家庭和学生的梦想。目前，我国已经全面建立了"奖

---

[*] 作者简介：张冉，北京师范大学党委学生工作部、高校思想政治工作队伍培训研修中心（北京师范大学）助理研究员，管理学博士，研究方向为高校思想政治教育和学生资助管理；周彩云（通讯作者），北京师范大学党委学生工作部助理研究员，法学硕士，研究方向为高校思想政治教育和学生资助管理。

贷助勤补免"的高校多元学生资助体系，较好保障了经济困难学生的基本物质生活，助力其顺利完成学业，促进了教育公平实现质的飞跃。

资助是手段，目的在育人。党的十八大以来，我国高校学生资助工作围绕立德树人根本任务，不断更新理念，创新方式，丰富内涵，不断推动从保障型资助向发展型资助的重大拓展。《高校思想政治工作质量提升工程实施纲要》（教党〔2017〕62号）提出构建十大育人体系，明确了资助育人体系对提升高校思想政治质量的重要意义。为努力开创高校学生资助的新局面，北京师范大学坚持问题导向，注重精准施策，在深入了解家庭经济困难学生群体特征，结合学生个性化发展需求的基础上，资助育人实践深入总结分析家庭经济困难学生的特点，旨在以中国学生核心素养理论为基础，结合北京师范大学的育人实践，构建资助育人体系，促进家庭经济困难学生全面发展，同时进一步丰富我国高校发展型资助育人理论和实践。

二、家庭经济困难学生群体特征

从社会学的角度看，家庭经济困难属于贫困的范畴。狭义的贫困指的是物质生活方面的贫困，追求满足食物、收入、住房及生存环境等基本生活的需要。广义的贫困还包含除了物质生活以外的社会、文化等方面的匮乏。根据《教育部等六部门关于做好家庭经济困难学生认定工作的指导意见》（教财〔2018〕16号），家庭经济困难学生是指"本人及其家庭的经济能力难以满足在校期间的学习、生活基本支出的学生"。因此，高校家庭经济困难学生是指狭义上的物质经济方面的困难学生。2020年，我国脱贫攻坚取得了胜利，消除了绝对贫困，但相对贫困仍然存在。相对贫困解决不仅仅是物质资源稀缺的问题，更重要的是解决能力缺失的问题。2020年教育部等八部门《关于加快构建高校思想政治工作体系的意见》明确提出"建设发展型资助体系，加大家庭经济困难学生能力素养培育力度"。

因此，高校资助育人工作高质量发展的前提是进一步聚焦家庭经济困难学生的发展特点，多角度地分析家庭经济困难学生的天赋性优势和发展不足，从而为提升资助育人实效提供依据。

（一）家庭社会经济地位弱势

"社会经济地位"（Socioeconomic Status，SES）是结合经济学和社会学关于某个人工作经历和个体或家庭基于收入、教育和职业等因素相对于其他人的经济和社会地位的总体衡量。家庭经济困难学生多来自经济欠发达地区及下岗失业等弱势家庭，[1]其父母职业、受教育程度和收入水平处于相对劣势地位，[2][3]家庭能够提供的基础资源、人文环境和经验支持相对有限。

（二）存在心理贫困的困境

部分研究指出，低家庭社会经济地位的大学生，特别是被认定为贫困生的大学生，其心理健康水平明显低于非贫困大学生。[4][5][6]由于经济条件、生活环境、求学经历，以及拥有的社会资源等方面的限制，家庭经济困难学生在面对更多发展机会时，常常会表现出不够自信、缺乏主动竞争意识。[7]在人际交往时，显现出鲜明的"内向性"特征，社交圈较窄，主动拓展人际关系的意愿较低。部分家庭经济困难学生会出现自我认知偏差，容易产生自卑、怯懦的心理，过于关注自身的缺点和不足，很难看到自身的优势长处。有研究发现，贫困生比普通学生的抑郁情绪更多。[3]

（三）能力发展不够全面

家庭经济困难学生在专业选择和学业发展过程中会将主要精力集中于实用性科目上，其阅读储备和人文积淀不足，对人文素养、审美情趣的需求认知和积累都相对较少。由于应试教育的色彩更为浓厚，其创新创造力、批判质疑、审辩性思维发展也受到了一定的限制。一项关于家庭经济困难学生大学入学适应性的调查研究显示，家庭经济困难学生入学适应程度较低、周期较长，不仅面临学习内容、学习方式的变化，还要适应更为丰富多彩的校园生活与更加多样化的人际交往，面对来自不同方面的压力和竞争，相对普通学生而言更容易面临学习、生活等方面的适应性问题。[8]

（四）勤俭感恩等美德凸显

家庭经济困难学生在过往的人生中经历了贫苦的磨炼，造就了坚韧的性格和不屈的精神，大部分学生普遍具有勤奋刻苦、勤俭节约、自立自强、踏实务实等优秀品质。有研究指出，相对于普通学生，家庭经济困难学生承受着更多来自社会各界的恩情，每一位贫困生都深受党和政府的恩惠，因此他们更倾向于感恩社会。[9]一项针对贫困大学生的社会责任感调查研究显示，被试贫困大学生的社会责任感普遍偏高。[10]

三、基于核心素养理论的资助育人体系

从家庭经济困难学生的特点分析可以看出，物质经济的贫困往往会伴随着精神能力的匮乏。近年来，我国学生资助工作逐步由以经济资助为主的保障型资助，向经济资助和育人成才并重的发展型资助转变，更加关注家庭经济困难学生的身心健康、能力培养、社会参与等全方位的发展。2016年发布的《中国学生发展核心素养》，以培养"全面发展的人"为核心，提出了文化基础、自主发展、社会参与三大方面的培养路径，为北京师范大学资助育人体系构建提供了参考。

（一）文化基础资助育人

文化是人存在的根和魂。根据中国学生发展核心素养理论，文化基础，强调学生要有宽厚的人文底蕴和理性的科学精神。研究显示，人文素养的高低与学生未来的发展潜质有着密切的关联。人文素养较好的学生在处理人际关系、组织相关活动、领导某项工作的能力方面具有更好的发展前景，体现出更鲜明的优势。[11]有研究指出，家庭经济困难学生的家庭文化资本处于劣势地位。[12]家庭能够提供的资源和支持有限。其学习成长的

环境以应试实用为主，人文素养的积累也受到一定限制。因此，家庭经济困难学生的全面发展必须提升其人文素养和科学精神。

北京师范大学坚持"三全育人"的理念，在第一课堂通识教育的基础上，将人文素养教育、科学精神教育与知识教育、思想教育融为一体。针对家庭经济困难学生的特点需求，设立励志公益大讲堂，举办人文知识、科学素养等专题讲座，帮助学生增长知识文化，涵养人文情怀，拓展理性思维。组织领学活动，共读经典书目，汲取宝贵力量。举办书法、绘画、手工、声乐等美育活动，帮助家庭经济困难学生拓展兴趣爱好，提升艺术素养和审美情趣。开展强师善教模拟授课、板书练习等师范技能提升培训，增强学生从教本领。打造勤工助学技能劳动教育课程，引导学生在劳动中增长技能提高能力。以阅读使人厚重，以分享使人充实，以交流使人思辨，以劳动使人自立，以艺术使人丰盈，通过综合性、互动性的人文和科学素养交流锻炼，促进学生全面发展。

（二）自主发展资助育人

自主性是人作为主体的根本属性。根据中国学生发展核心素养理论，自主发展强调学生能有效管理自己的学习和生活，认识和发现自我价值，发掘自身潜力，有效应对复杂多变的环境，成就出彩人生，发展成为有明确人生方向、生活品质的人。正如前文所述，多数家庭经济困难学生存在自我认知偏差、自卑、焦虑甚至抑郁的消极情绪，心理健康水平、适应调整能力、人际交往能力等都有所不足。有研究指出，家庭经济困难学生对未来发展方向较为迷茫，家庭经济条件较好的大学生职业规划更加明确。[13]

针对家庭经济困难学生的自主发展需求，北京师范大学设立京师成长"资"养坊，开展素质拓展、心理健康培养和生涯规划指导，帮助学生打开自我，挖掘潜力，明确规划，成就健康向上、多彩的人生。组织素质拓展训练，以运动为依托，以感悟为目的，激发个人潜能，促进交流沟通，树立相互配合、相互支持的团队合作精神。组织开展原生家庭、人际关系、沟通表达、压力管理、自信提升等主题团辅活动，帮助学生培育坚强、乐观、自信等积极心理品质，提升学生心理资本，促进其健康发展。组织开展自我认知、职业探索、就业技巧、职后发展等生涯规划和辅导，全方位做好家庭经济困难学生的服务保障，帮助家庭经济困难学生提升自主发展能力，促进学生高质量就业。

（三）社会参与资助育人

社会性是人的本质属性。根据中国学生发展核心素养理论，社会参与强调能处理好自我与社会的关系，增强社会责任感，提升创新精神和实践能力，促进个人价值实现，推动社会发展进步，发展成为有理想信念、敢于担当的人。有的研究发现，家庭经济困难学生的社会责任感较高，也有研究指出，有部分学生在接受资助后，产生依赖情绪，表现出"等、靠、要"思想，将希望寄托在别人的帮助上，消极地等待外界给予的资助。[14]而无论学生是否积极对待，都应该加强对家庭经济困难学生的感恩教育和社会责任感教育，促进个人价值实现，并推动其创造更大的社会价值。

社会实践是大学生在学期间实现社会化的重要手段，而公益实践更是提升学生社会责任感的重要途径。北京师范大学把受助学生参与社会公益实践活动作为检验感恩教育成效、提升社会服务能力的重要渠道，成立"励志实践训练营"引导学生以实际行动服务国家社会发展。依托学校扶贫研究院专业资源成立专业研学队伍，开展"三农"政策研学或乡村调研活动，提升同学们服务社会的本领和素养。打造社会公益志愿服务队伍，深入基层开展资助政策调研、宣讲、困难生家访，到中西部欠发达地区开展义务支教或志愿服务活动，为基层教育贡献师大力量。组建学生资助宣传大使队伍，打通资助服务最后一公里，深入院系班级和宿舍，了解受助学生需求，进行资助政策答疑。打造"北师报亭"爱心驿站，开展资助建议征集、爱心互助、党员志愿服务等活动，报亭所得收益成立"木铎公益基金"回馈学生资助工作,培养学生感恩奉献精神,形成受助、自助、助人的育人格局。

四、结语

教育关系着国家和民族的未来,关系着国民整体素质的提高。改革开放四十余年,我国成功地解决了"穷国办大教育"的难题,逐步从一个人口大国走向人力资源大国。[15]当前,教育改革核心问题是要提高教育质量。对于学生资助而言,就是要促进家庭经济困难学生全面成长成才。本文深入总结分析了家庭经济困难学生家庭社会经济地位弱势、存在心理贫困的困境、能力发展不够全面、勤俭刻苦、有社会责任感等特点,从人文素养、自主发展和社会参与三个方面建立了资助育人理论体系,并结合北京师范大学的资助育人实践,阐述了其对家庭经济困难学生核心素养提升的积极作用,为促进家庭经济困难学生全面发展、丰富高校资助育人理论和实践体系做出了有益探索。

参考文献:

[1] 曾继平.贫困大学生就业指导中的思想政治教育研究[D].西南大学,2012.

[2] 任春荣.学生家庭社会经济地位(SES)的测量技术[J].教育学报,2010,6(05).

[3] 程刚,张大均.家庭社会经济地位对大学新生抑郁情绪的影响:有调节的中介模型[J].心理与行为研究,2018,16(02).

[4] 刘欣,徐海波.15年来中国心理卫生杂志有关大学生心理健康研究的总结[J].中国心理卫生杂志,2003(02).

[5] 张庆吉,涂叶满.贫困大学生心理健康状况追踪观察[J].中国学校卫生,2015,36(11).

[6] 张秀梅, 王中对, 廖传景. 高校贫困生抑郁心理及影响因素研究 [J]. 高校教育管理, 2016, 10 (02).

[7] 杨振斌. 做好新形势下高校资助育人工作的实践与思考 [J]. 中国高等教育, 2018 (05).

[8] 张晓京, 张作宾, 刘广昕. 家庭经济困难学生大学入学适应研究——基于某"双一流"建设高校大一新生的调查 [J]. 中国高教研究, 2020 (08).

[9] 郭昕. 我国普通高校贫困生资助问题研究 [D]. 华中师范大学, 2013.

[10] 刘智超, 孟国忠. 贫困大学生社会责任感发展特点研究 [J]. 学理论, 2018 (01).

[11] 张宏斌. 中国高校人文素质教育研究 [D]. 大连海事大学, 2012.

[12] 余秀兰, 韩燕. 寒门如何出"贵子"——基于文化资本视角的阶层突破 [J]. 高等教育研究, 2018, 39 (02).

[13] 李广玉, 蒋茁. 高校家庭经济困难学生行为特征与支持策略研究 [J]. 北京航空航天大学学报（社会科学版）, 2021, 34 (05).

[14] 唐文红. 从物质资助济困育人到励志强能育人——民族地区高校能力发展性资助育人的现实探索 [J]. 思想教育研究, 2011 (07).

[15] 杜玉波. 践行资助育人理念 促进学生全面发展——在高校资助育人工作座谈会上的讲话 [C]. 中华人民共和国教育部, 2016.

北京师范大学"一体两翼"宣传机制一体化研究

摘　要：北京师范大学第十三次党代会确立了"一体两翼"办学格局，在此背景下，两校区新闻宣传工作开始推进一体化建设。本课题聚焦北京师范大学"一体两翼"宣传工作一体化的探索，从理论到实践，阐述了京珠两地宣传工作一体化的必要性、重要性，梳理了京珠两地宣传部门在工作中的合作与创新，展现了两地联合、同频共振为学校"一体两翼"战略服务的成果。

关键词：一体两翼；新闻宣传；两校区一体化

作者信息：郑南阳，北京师范大学珠海分校党校办副主任、新闻中心主任。

一、研究背景及意义

（一）研究背景

党的十八大以来，党中央把宣传思想工作摆在全局工作的重要位置，作出一系列重大决策，实施一系列重大举措。习近平总书记在全国宣传思想工作会议上强调，新形势下宣传思想工作必须以新时代中国特色社会主义思想和党的十九大精神为指导，增强"四个意识"，坚定"四个自信"，自觉承担起举旗帜、聚民心、育新人、兴文化、展形象的使命任务，促进全体人民在理想信念、价值理念、道德观念上紧紧团结在一起，为服务党和国家事业全局作出更大贡献。

高校是宣传思想工作的前沿阵地。做好高校宣传思想工作，事关党对高校的全面领导，事关贯彻党的教育方针、落实立德树人根本任务，事关培养德智体美劳全面发展的社会主义建设者和接班人。2017年，学校召开第十三次党代会，提出建成综合性、研究型、教师教育领先的中国特色世界一流大学的战略目标。为实现建设世界一流大学的目标，学校着力拓展办学空间和办学资源，构建"一体两翼"的办学格局。在这个过程中，学校完善以北京校区、珠海校区为两翼的一体化办学格局，形成学科各有侧重、优势互补的功能定位。珠海校区将建设成为紧扣广东和珠海经济社会发展需要并和北京师范大学本部同一水平的南方校区，将着力构建政产学研用一体化的创新型"教育硅谷"。

珠海校区建设过程中，不断深入贯彻落实习近平总书记对广东作出的"四个坚持、三个支撑、两个走在前列"的重要批示精神，服务"创新驱动发展""一带一路""粤港澳大湾区"等国家重大战略，促进广东省及珠海市高水平大学建设和基础教育优质均衡发展，助力北京师范大学加快实现创建"世界一流大学和一流学科"的战略目标。

珠海校区作为北京师范大学"双一流"建设的重要组成部分，充分发挥北京师范大学的教育优势，汇聚全球优质资源，集中凸显教育特色，服务广东省基础教育优质均衡发展，推动广东省跻身全国基础教育第一梯队；突出北京师范大学的优势特色，聚焦国际学术技术前沿、未来战略性新兴产业前沿，吸引并整合境内外优质资源，开展国际化的创新型拔尖人才培养，建设具有全球影响力的教育、文化、健康、科技为一体的高端科教中心、研究中心和创新中心，形成世界一流的教育、文化、健康等资源高地，打造高水平、高科技、高成长性的产业群，成为推动广东省及珠海市优质高等教育发展和促进北京师范大学"双一流"建设的新动源。

(二) 研究意义

1. 理论意义

宣传思想工作是党的一项极端重要的工作。在2013年全国宣传思想工作会议上，习近平总书记强调宣传思想工作一定要把围绕中心、服务大局作为基本职责，胸怀大局、把握大势、着眼大事，找准工作切入点和着力点，做到因势而谋、应势而动、顺势而为。5年后，习近平再次出席全国宣传思想工作会议，对宣传思想工作提出更高要求，"自觉承担起举旗帜、聚民心、育新人、兴文化、展形象的使命任务。"习近平站在新时代党和国家事业发展全局的高度，对党的宣传思想工作的历史方位和使命任务，作出重大工作部署，"推动宣传思想工作不断强起来"。

坚持讲好中国故事，传播好中国声音，是党的十八大以来宣传思想工作的重要理论创新，是做好新形势下对外宣传工作的根本遵循。宣传思想部门承担着重要的职责，要把思想和行动统一到中央精神上来，守土有责、守土负责、守土尽责，切实担负起讲好中国故事、传播好中国声音的重要职责。

从学校的层面来说，做好宣传思想工作就是不断巩固马克思主义在意识形态领域的指导地位，在教育教学工作中，把马克思主义作为必修课，就是深入开展中国特色社会主义宣传教育，加强社会主义核心价值观建设，积极培育和践行核心价值观；就是讲好北师大故事，传播好北师大声音，多宣传报道教书育人和青年成长故事，多宣传报道师生中涌现出的先进典型和感人事迹，把北师大的百年底蕴和青春力量传递给大众，传递给社会。在学校"一体两翼"的办学格局下，构建宣传思想工作一体化机制，正是整合南北力量，协调整体资源，打好宣传工作组合拳的应时应势之举。

讲好北师大的故事，最关键的是讲好培育社会主义建设者和接班人的故事。南北校区宣传工作的一体化形成可为学校的"一体两翼"战略发展提供重要助力。

北京师范大学北京校区和珠海校区有着良好的宣传思想工作基础，长期以来，坚持以习近平新时代中国特色社会主义思想为指导，紧紧围绕学校人才培养中心工作，生动讲述"学为人师，行为世范"的北师大故事。京珠两校区的宣传思想工作各有特点。北京校区坚持厚植信仰，以榜样力量提升社会主义核心价值观育人实效；践行使命，以"三个统筹"打造学校思政教育工作合力；在意识形态工作、培育和践行社会主义核心价值观、舆论引导、校园文化建设、网络文化建设和管理、教师思想政治工作等方面扎实开展，积极创新，积累了丰富的经验。在珠海，学校自21世纪初办学以来，立足改革开放前沿阵地，在新闻宣传工作中注重打造"三个意象"，即传承百年北师大"为民族复兴办教育、为国家富强育英才"的传统意象、北师大在广东高等教育综合改革中展现出"敢为天下先"的先锋意象、在培养卓越教师、"四有"好老师和拔尖创新人才方面的典范意象；立足办学定位，着力讲好"四个故事"，即讴歌教师传道授业解惑的感人故事、抒写学子历练成才的励志故事、演绎凤凰山麓教学相长的精彩故事和奏响亚洲最美山谷大学的青春之歌。

在学校一体两翼的发展战略下，如何将南北两地的宣传优势进一步整合，如何把北师大在珠海培养未来大国良师、创新拔尖人才和服务国家战略的故事讲好，形成一加一大于二的合力，形成宣传战线上的一体化格局，是一个有意义的新课题。

2. 现实意义

发挥南北校区宣传工作一体化的优势作用，全面展示北师大服务国家重大发展战略的育人故事，是聚焦学校全面落实"立德树人"根本任务，坚守"为民族复兴办教育、为国家富强育英才"的初心，围绕培养未来卓越教师这一目标进行的一系列改革探索。

形成学校南北两地宣传一体化机制，更好地为学校"一体两翼"的战略发展服务，为学校的"双一流"建设服务。聚焦思想武装、宣传贯彻好习近平新时代中国特色社会主义思想和党的路线方针政策，聚焦凝聚人心、把师生思想统一到学校办学的战略部署上，聚焦立德树人、做好学校各类意识形态阵地的建设与管理，做到守土有责、守土负责、守土尽责，为学校改革发展事业提供坚强的思想保障。

进行一系列对内对外宣传中的创新探索，拓展平台，改进方法，进一步提升宣传思想工作队伍的"脚力、眼力、脑力、笔力"水平。

二、多校区高校宣传工作一体化现状及已有工作基础

（一）研究现状

自1980年以来，部分高等学校为了解决原有校区规模小、资源紧张的瓶颈，纷纷扩宽异地办学空间，多校区办学应运而生。[1]2017年1月，教育部等部门印发《统筹推进世界一流大学和一流学科建设实施办法（暂行）》，特别是2017年9月21日，正式公布世界一流大学和世界一流学科建设高校及建设学科名单以来，异地校区成为高校"双一流"建设的重要组成部分。多校区是"与主校区（本部）所在地不属于同一个地级市的其他校区"。经过多年的发展，高校多校区一体化在人才培养、推动属地经济社会发展、服务国家发展战略等方面贡献了突出的力量。高校多校区与主校区在某一方面工作的一体化逐渐进入专家学者研究的视野。

以"校区""多校区办学"为检索词在中国知网（CNKI）上检索并筛选发现，学者们对高校异地校区的研究从2001年的首篇开始，整体上呈现增长趋势，其中2001—2010年增长比较平稳，2012年开始，研究增长趋势明显，其中2017年有16篇，2020年有17篇，达到峰值。

梳理发现，学者们对高校多校区的人才培养、学生工作、档案管理、毕业生就业、后勤宣传、财务管理模式、文化建设等方面进行了初探。例如，顾炜、赵林林认为做好高校多校区档案管理应抓住信息化的趋势，通

过建设系统,化解管理难题。[2]张绪忠、宋向阳等认为,高校文化应该在新校区得以传承,并吸收当地的优秀历史文化,拉近两地师生距离,平衡两地关系。[3]梁羡飞、韩冬等人认为在高校多校区的学生工作中,一方面要秉承校本部的优秀传统精神和文化,另一方面又要切实体现新校区的特色。[4]钟晓航认为,在高校多校区的后勤宣传工作中,应构建媒体宣传、活动宣传和服务宣传"三位一体"的宣传格局,提升师生对多校区的归属感和自豪感。[5]

综上所述,学者对提高高校多校区一体化的工作进行了有益的探索,并针对新校区办学中存在的问题,给出了切实可行的建议对策。但聚焦多校区与主校区工作一体化,特别是宣传工作一体化,与主校区形成宣传工作合力方面的研究甚少。本研究旨在对高校异地校区与主校区宣传工作一体化方面进行探索,为高校多校区做好宣传工作提供价值参考。

(二)已有工作基础

校区建设初期,为展示好"与北京校区同一标准、同一水平的南方校区"公共形象,京珠两校区党委宣传部门启动早、反应快,持续加强联动,坚持一体化新闻宣传格局。在北京校区党委宣传部指导下,综合运用学校官网、微信、微博等媒体公众平台,以时政热点、精神传承、校史教育、校友情感等为抓手,主动对接,凝聚共识,统一步伐,共同发声。同时,京珠两校区通过共同开展线下活动,北京校区派驻人员支持珠海校区队伍建设,两校区共用媒体资源、加强平台建设,及办公室各岗位对应人员的相互业务交流等,为两校区宣传工作一体化打下了坚实的工作基础。

三、研究问题

1. "一体两翼"宣传工作一体化的内涵与机制探索?
2. 宣传工作一体化初期的经验是什么?

四、问题分析

（一）宣传工作一体化的内涵

习近平总书记提出了"大宣传"的理念，是对全党宣传思想工作高屋建瓴的战略思考，为我们做好宣传思想工作指明了方向，提供了方法。具体落实到北师大珠海校区宣传工作，就是紧扣"双一流"高校建设目标、北师大"一体两翼"发展战略，坚持宣传工作一盘棋的思路，突出"三个共同"，一是做好硬新闻，及时权威解读南国北师的转型升级；二是共同策划软选题，温暖绘铸京风粤韵共同的精神底色；三是共同用好全平台，立体展现北师大新百年的办学成就。其核心要义就是要进一步做好宣传思想文化工作，强化舆论引领，牢牢掌握意识形态工作领导权，生动鲜活讲好北师大在珠海办学的育人故事，大力提升思想引领、立德树人、凝心聚力、外塑形象的功能，为北师大双一流建设提供坚强的舆论保障。

1. 工作谋划深度融合

按照宣传工作一盘棋，结合北京和珠海的育人特色，统筹考虑京珠两地宣传任务，并列入学校年度工作要点，紧紧围绕校区的中心任务，把服务校区建设落到实处，使新闻宣传更好地根植于人才培养、科学研究、社会服务、文化传承与创新等任务上来，实现同频共振。

建好平台、管好阵地，增大珠海校区在学校新闻宣传中的份额分量。做好顶层设计，提出《推进珠海校区与北京校区新闻宣传工作一体化建议》。建好平台，统筹建设珠海校区中英文主页及新闻网，与校本部保持风格统一又体现南国北师特色，已于2020年10月正式上线；理顺珠海园区新闻供稿机制，归口管理并通过校内新闻投稿系统报送。管好阵地，参照《北京师范大学校园新媒体建设与管理办法》，校区结合工作实际出台新媒体管理办法；校区启用舆情监控软件，与校本部实现舆情联控。提升在学校日常新闻宣传中的份额分量，近两年学校主页上珠海相关新闻的发稿量显著增加，如根据2020年9月学校主页工作月报统计，当月珠海园区以投稿量8篇位居校内单位之首。

2. 意识形态京珠联动

扎实做好学校第十三次党代会精神的解读阐释，增进师生校友对"一体两翼"办学格局的了解与认同。2018年7月，推出"学校综合改革政策权威解读"系列专题报道，针对学校十三次党代会提出的重点任务和师生校友关心的重大改革举措，对校领导进行专访，解疑释惑，凝聚干部师生改革发展共识。其中，专访副校长王守军，邀请他就珠海校区的目标定位、整体规划、进展情况等做了详细说明。访谈以文字和视频形式呈现，发出后师生关注度极高，引发大家对"一体两翼"建设的热议。

在涉珠海舆情事件中正向引导、及时发声，回击负面失实言论。加强正面引导，通过共享红色资源、南北校区共上一堂"京师讲习堂"等方式，打造走在"京珠两地的思政课"。两校区还拍摄"一体两翼"版本的学校宣传片、校歌，特别是在庆祝中国共产党成立100周年、全党开展党史学习教育之际，南北校区共上一堂党史学习教育专题党课，共同拍摄《新征程》《唱支山歌给党听》《青春恰时来》等MV献礼建党100周年，学校党委主办的"红色师范与百年传承"专题展览在南北校区同步开展，让思政教育入脑入心。此外，在舆情动态管理等方面，两校区采用同一平台，加强联动。

3. 新闻宣传协同发力

在重大历史节点、重大活动节点，宣传部门主动策划、强化沟通协调，相互支持配合，形成工作合力。积极向社会传递北师大贯彻落实党中央教育方针政策，在培养未来教师、培养拔尖创新人才、服务乡村振兴、助力教育脱贫、聚焦国家应急管理和服务"一带一路"倡议等各方面实施有效举措。在充分利用传统媒体开展宣传的同时，不断拓宽宣传的渠道，结合北师大学科优势资源，结合大型文化活动，做好文艺作品的创作，形成内涵丰富、形式多样的宣传格局。

突显高标准、新机制、国际化，重点宣传珠海校区服务国家战略的切实举措。如服务教育优先发展战略，建设未来教育学院，培养引领未来变革的"四有"好老师；服务区域发展战略，建设一带一路学院、未来设计学院，推进学科交叉创新，助力粤港澳大湾区融合发展；服务乡村振兴战略，建设乡长学院，培养新时代乡村振兴领军人才，等等。特别是2020年北师大本科招生首设"志远计划"，为52个未摘帽国家级贫困县定向培养基础教育高素质师资，在重点宣传推介"志远计划"的过程中，也很好地展示了承担此项目培养任务的珠海校区。

4. 对外宣传资源共享

优化配置人力和经费，有效共享媒体资源、信息资源，借助北京校区的媒体资源，加强与中央及省主流媒体的沟通合作，创造最佳的新闻宣传效果。

在招生、开学、毕业等重要节点做好联动宣传，南北校区同频共振。2020年招生季，受疫情影响，校园开放日以线上形式举办。精心设计"云游校园"环节，来自两校区的5位校园主播，带领考生和家长云端探校，全方位介绍了北师大的历史文化、特色学科、知名学者、标志建筑以及在北京和珠海校区的学习生活体验。7月19日、7月24日两场开放日活动，通过微博、抖音、快手、B站、百度、一直播以及人民日报、人民视频、央视频、中青报客户端等平台，共有163.24万人次实时观看了直播，微博话题#北师大2020线上校园开放日# #云游北师大校园#累计阅读量531.5万，更多人通过视频直播对珠海校区有了更直观的认识。在开学季、毕业季、校庆日、教师节等重要节点，提前策划、联动宣传，如教师节推出的《这12位大国良师，将与南国北师学子共度第35个教师节!》《我师过节，南北共谱新"师"篇》，开学季推出的《南国北师迎新宣传片来了，我们在凤凰山谷等你!》《你好，南国北师！北师大珠海校区喜迎2020级新生》

《携光筑梦，勇立潮头！北师大珠海校区举行 2020 级新生开学典礼》等。

5. 人员互派加强培训

进一步加强校院两级业务培训的常态化，充分调动二级单位通讯员队伍的积极性；进一步梳理新闻报送机制，确保校院两级新闻的全媒体覆盖。利用新入职教师培训契机，邀请北京校区党委宣传部领导为学校新教师开展宣传工作培训；进一步开展北京校区长期或短期派驻计划，选派部门骨干人员长短期派驻增援工作力量，联合开展新媒体学生小编的线上培训。

（二）宣传工作一体化机制探索

将北京师范大学京珠两校区宣传工作纳入统一规划，依靠北京校区的优质资源和珠海校区新机制优势，互促共融。在宣传工作一体化机制探索中提出以下思考：

1. 成立珠海园区宣传思想工作领导小组

完善顶层设计，把校区宣传纳入学校宣传工作总盘。成立珠海园区宣传思想工作领导小组后，在工作计划的制定、活动选题的策划等方面，通盘谋划，进一步加强南北校区的宣传工作一体化。

2. 完善南北校区宣传工作一体化机制

夯实工作基础，加强队伍"四力"建设、融媒体平台建设、媒体资源库建设，进一步完善新闻报送、外宣联动、舆情联控、媒资共享、人员交流等工作机制。通盘谋划，主动作为，先行先试，高效协同做好全链条新闻宣传工作。

制定一系列相关规章制度，为宣传工作一体化提供制度保障。在北京师范大学北京校区现有宣传规章制度的基础上，根据珠海校区实际情况，因地制宜，补充系列属地化宣传管理规定。

3. 健全校院两级新闻报送机制

（1）由北京师范大学发文成立的校内二级机构可开通新闻投稿系统账

号，直接向宣传部报送新闻；

（2）按照属地化管理的原则，在珠海校区运行的机构，可通过珠海校区 OA 投稿系统进行新闻报送；

（3）重大新闻的联动中，可以根据主办方、活动地点等具体要素，来进行南北校区素材、人员等资源的整合和协调。

4. 围绕学校中心任务开展宣传工作

在做好新闻宣传的基础上，加强意识形态、理论宣传、校园文化建设等方面的工作协同，全面推进两校区宣传思想工作一体化。基于实践经验，开展对"一体两翼"和"京风粤韵"精神内核的理论阐释。南北校区形成联动和共享，扩大新闻宣传的受众覆盖面和影响力。

5. 南北校区共享媒资系统

通过逐步建立媒资系统，对校园标识、图库、视频进行整合管理，实现共享，以便充实丰富新闻宣传素材，也增强了对外形象的统一。

6. 南北校区优质媒体资源共享

对于学校重大活动，南北校区在活动前期进行提前沟通，针对不同活动类别，充分发挥北京校区媒体资源和珠海园区省市媒体资源合力。

7. 加强南北两校区新闻宣传队伍建设

北京校区党委宣传部以每半学年或 1 学年为期长期派驻 1 名宣传经验丰富的人员到珠海校区开展宣传工作，以分享经验，加强南北两校区的信息互通；南北两校区不定期互相开展短期学习交流活动；通过线上线下相结合的方式，共同开展培训，进一步提升南北校区宣传队伍业务能力。

（三）经验分析

在"一体两翼"办学格局的宣传思想工作中，经过初步探索，形成以下四点工作经验：

1. 坚守底线，牢牢掌握意识形态工作主动权

一是舆情联控，启用与北京校区相同的网络舆情监测手段，协同保卫

部门、学工部门，指定专人对网络舆情实施全天候监测；建立以校内新媒体矩阵负责人为班底的学生舆情联络员队伍，以日常工作交流的方式，调动各二级单位新闻通讯员队伍舆情报送的积极性。二是正面引导，不断增强"走在两地的思政课"的传播力，开展的"红色特工"英雄故事、黄文秀先进事迹报告会等活动，在学生中受到广泛关注，"不忘初心、牢记使命"主题教育升旗仪式在学生朋友圈刷屏，当天点击量达 25 万。三是制度建设，已拟定《珠海校区举办形势报告会、研讨会、讲座管理暂行办法》《珠海校区户外宣传品管理办法（暂行）》《珠海校区新闻发布制度（试行）》《珠海校区新闻宣传管理规定（暂行）》《珠海校区校园新媒体建设与管理办法》等，并列入新闻宣传工作培训内容。

2. 先行先试，在实践中探索宣传工作一体化

珠海校区建设初期，宣传部克服机构设置不完备、人员配备不齐整、经费预算未落实等暂时性的困难，充分发扬北师大在广东教育综合改革中"敢为天下先"的精神和珠海经济特区敢闯敢试的创业精神，以珠海分校党委宣传部为班底，在校本部宣传部指导下，从思想理论宣传、新闻选题策划、新闻报送机制、业务骨干交流、宣传平台建设、融媒体中心建设等方面先行先试，探索南北校区宣传工作一体化，紧抓重要节点，同频共振，推出了校本部粤港澳本科生国情教育系列报道、"官宣""双城记"等专题，助力中白论坛、教博会等活动的宣传工作。

3. 主动作为，协同做好全链条新闻宣传工作

珠海校区党委宣传部门坚持因地制宜的原则，主动与校区各单位联系对接，建立专兼职通讯员队伍，以在校区举办的重要活动和国际会议为抓手，打造"制定宣传方案、明确分工和任务时间表、媒体邀请和接待、摄影摄像、校内外宣传、总结存档"全链条的新闻宣传服务工作。

4. 同频共振，凝聚"一体两翼"宣传思想合力

校区宣传工作坚持南北校区宣传工作一盘棋的工作思路。2019 年上半

年，南北校区圆满完成了青春为祖国歌唱——北师大学子"声"情告白的拉歌活动；南北校区围绕新形势下高校宣传思想的使命任务，继续加强联动，用"铎兄""珠妹"等人物形象，讲述"一体两翼"京风粤韵的精彩故事，特别是在疫情防控关键期、南北校区携手共克时艰，共同连线湖北地区的同学们，亲切问候送温暖，为疫情重灾区打气加油。2020 年的招生宣传工作中，南北校区又打了一场"漂亮仗"，吸引了 52.94 万人次实时观看了 7 月 19 日上午的招生政策解读及云游校园直播，有效宣传了北师大的南北校区。2021 年，在开展党史学习教育中，京珠两校区共上一堂专题党课，4 月 12 日，北京师范大学召开党史学习教育中央宣讲团宣讲报告会，中央宣讲团成员、原中央文献研究室常务副主任杨胜群作宣讲报告；4 月 18 日，通过设立分会场的方式，共同聆听了中央宣讲团成员、中央组织部原副部长、原中央党史研究室主任，现任中国中共党史学会会长、中国中共党史人物研究会会长欧阳淞同志专题讲座；9 月 18 日，北京师范大学中共党史党建研究院院长王炳林应邀为 2021 年新入职教职工作了题为"从党的历史中汲取智慧和力量"主题报告；两校区还共同呈现"红色师范与百年传承"专题展览、共同拍摄《新征程》《唱支山歌给党听》《青春恰时来》等 MV，营造北京师范大学浓厚的党史学习教育宣传氛围。

五、进一步推动"一体两翼"宣传工作一体化的建议

加强京珠两地宣传一体化，首先要从思想上高度统一，要对学校的"一体两翼"的战略格局和北京珠海两校区的各有侧重有充分的认识，才能够在宣传工作中有统有分，构建合理高效的南北两地宣传一体化机制，聚焦思想武装、宣传贯彻好习近平新时代中国特色社会主义思想和党的路线方针政策，聚焦凝聚人心、把师生思想统一到学校办学的战略部署上，聚焦立德树人、做好学校各类意识形态阵地的建设与管理，做到守土有责、守土负责、守土尽责，为学校改革发展事业提供坚强的思想保障。

（一）宏观思考

1. 旗帜鲜明讲政治，构建理论宣传阵地

京珠两地宣传部门要强化政治意识、大局意识、核心意识、看齐意识，旗帜鲜明讲政治，增强主动性，掌握话语权，守住意识形态阵地，为师生"点燃思想"，守好理论宣传的传统阵地。

理论思想要深厚扎实，文字内容也要"有血有肉"，尤其要在"有血有肉"上多花心思多下功夫，要让理论思想传播扎根基层，服务师生，回答好"我们是从哪里来的"；还要基于事实基础，讲好"我们要往哪里去"，最终形成符合科学规律、符合发展潮流的理论宣传体系。要坚持理论联系实际，把宣传党的路线、方针、政策与学校改革发展的实际结合起来；坚持理论性与通俗性相结合，围绕理论重大问题，将理论宣传"科普化"，当好党的路线、方针、政策的"政治翻译"。这要求理论宣传工作者要吃透上头、熟悉下头，上接天线、下接地气，以精品精炼精彩让全校师生入耳入脑入心。

2. 百年传统要传承，凸显教师教育特色

北京师范大学是有百余年传统的"红色师范"，近年来在服务国家重大战略、促进教育质量公平等方面做出了很多有益的尝试和探索。尤其在脱贫攻坚与乡村振兴有效衔接的时代背景下，探索教育帮扶如何"扶上马，再送一程"，为探索构建中西部教育"结伴成长"的长效机制提供了重要的借鉴意义。京珠两地的宣传部门应该根据学校的整体政策举措、两地的师范生培养特色，对"强师计划""青海师范对口支援""凉山区普通话普及"等项目进行深度挖掘和报道，推广北师大经验、讲好北师大故事、立好北师大品牌，让北师大人"学为人师、行为世范"的校训精神影响更多的人。

3. 南北两地有合力，讲好北师大新故事

新时代要讲好北师大故事，从根本上来说，是由于北师大有故事可讲，有故事要讲，有故事应该讲，有故事值得讲。在"一体两翼"的战略格局下，京珠两地的统一和差异，北国和南国的共性和特色，都为宣传工作提供了更为丰富、厚实的素材，提供了更为广阔、大气的视角，京珠两地的宣传部门从学校整体的宣传格局出发，在做好同题作文、整体协调策划等方面做了很多有益的尝试，已经有了文章、推送、视频等一系列全媒体、多样化的形式的产出，报道了一系列北师大师生育人、学习、生活、为他人、为国家的感人故事，推出了"铎兄珠妹"这样的北师大专属 IP，以及具有纪念意义的北师大周边。

（二）具体的落实措施

1. 综合运用好互联网，建立线上联动机制

让校本部理论学习和教师引领工作延伸覆盖珠海校区。共享学习资源，同步理论学习周报、理论学习文章、思政引领资料等，珠海校区派员参与相关的采编和汇集工作。京珠两地共同举办京师讲习堂等大型宣讲活动，同步举行中央宣讲团讲座等重要活动。

2. 把握重要时间节点，建立联合选题机制

在重大活动和重要节点宣传上，同频共振、形成合力。重点聚焦两会、建党 100 周年、校庆 120 周年、招生季、毕业季和开学季等重要节点，推进南北校区新闻宣传联合选题，加强党史校史宣传，加大专题新闻稿件报送，绘铸京风粤韵精神底色。

3. 凸显师范教育特色，报道优秀学子故事

共同策划一系列京珠两地的优秀学子和校友故事，展现新时代北师大学子的精神风貌，深度发掘学校为国家大政方针服务、立德树人的育人成果，重点聚焦"志远计划"、扶贫攻坚、乐教适教、科研成果等方面。

4. 聚焦青年教师成长，讲述教师育人故事

通过讲述北师大教师在珠海的授课、育人经历，展现北师大对珠海校区"同一水平"的建设决心，体现珠海校区"高标准、新机制、国际化"

的建设标准。

5. 坚持京珠舆情联控，及时有效应对舆情

京珠两地做好信息同步，守好意识形态主阵地，及时有效回应师生关切，同时做好舆情风向引领。

6. 推动融媒中心建设，记录校区发展历程

双方的媒体资料库实现共享，图片和视频资料分类、分主题整理，在宣传片拍摄、视频号推送、日常新闻采编等方面实现互惠共享，主题联动。

7. 加强业务骨干交流，推进宣传队伍建设

主要通过双方人员的长短期派驻，进行深度业务融合，推进各项业务能力的培训，促进相互沟通和学习。

综上，随着学校"双一流"高校建设和"一体两翼"办学格局的持续推进，珠海校区的建设进入了快车道，对标"双一流"高校建设标准，这也为宣传思想工作的开展提出了新的更高要求，如何在新的形势下，深入贯彻落实习近平新时代中国特色社会主义思想，把党的宣传思想工作落到实处、细处，是摆在宣传工作部门面前的重要课题。京珠两校区宣传部门将不断巩固马克思主义在意识形态领域的指导地位，巩固全党全国人民团结奋斗的共同思想基础，在新的起点上，为学校发展贡献更大的力量。

参考文献：

[1] 梁美飞，韩冬，王博儒，等. 异地新校区学生工作特点及其实践研究 [J]. 科教导刊（中旬刊），2020（23）.

[2] 顾炜，赵林林. 高校异地多校区档案管理一体化研究 [J]. 办公室业务，2019（19）.

[3] 张绪忠，宋向阳，张苗，等. 双一流背景下高校异地分校区文化建设研究——以南京林业大学淮安校区为例 [J]. 大众文艺，2020

(03).

［4］梁美飞，韩冬，王博儒，等.异地新校区学生工作特点及其实践研究［J］.科教导刊（中旬刊），2020（23）.

［5］钟晓航.高校异地校区"三位一体"后勤宣传格局研究［J］.高校后勤研究，2020（02）.

新时代高校危机事件网络舆情应对研究

党委组织部　徐艳华

做好网上舆论工作是宣传思想工作的重要任务，而加强危机事件的网络舆情管理是做好网上舆论工作的重中之重。当前网络发展特别是新媒体、自媒体发展迅速，高校师生思想活跃、与互联网有着极强的粘连性，做好网络舆论引导是加强大学生思想政治工作的根本要求。

高校在经济社会发展中的地位和作用日益凸显，高校舆情极易成为社会热点和舆论焦点。中央对于做好新形势下高校宣传思想工作，提升网络舆情应对能力提出新的要求。加强高校危机事件网络舆情管理，是高校宣传思想工作面临的一项紧迫任务，也是高校提升治理能力的必然要求。

一、研究现状

国内舆情研究已经成为传播学、新闻学、管理学、社会学、政治学、思想政治教育等学科研究的热点问题。当前针对高校突发事件舆情应对研究的文章比较多，在中国知网上以"高校突发事件网络舆情"为关键词搜索论文近200篇，以"高校网络舆情应对"为关键词搜索论文216篇。研究内容主要涉及以下三个方面：

（一）注重高校突发事件网络舆情工作机制研究。有的文章侧重高校网络舆情的预警系统构建与优化研究，从大数据时代高校网络舆情研判模型的构建入手，研究预警机制，以期实现高校突发事件网络舆情有效预警，做好关口前移。有的文章注重引导和应对机制研究，从树立正确舆情观、提升舆情处置水平、加强高校舆情队伍及条件建设、提升网络舆情的治理能力等方面提出解决对策。

（二）注重个案分析。李青鹰（2016年）专题研究了校园安全类热点事件舆情应对，对2015年23起典型案例应对现状进行分析，并提出了应对建议。曹博伦（2018年）分析了2018—2020年具有一定影响力和完整性的48个典型高校舆情应对案例。

（三）注重分析大数据时代高校网络舆情引导的特点和规律。有的研究把网络舆情的发展主要分为开始阶段、关注阶段、放大阶段和衰退阶段，有的研究把网络舆论发展分为言论形成期、言论传播期、网下冲突区、舆论消退区等。基于上述规律，提出高校舆情引导与应对应根据每个阶段的特点做好有针对性的引导。

基于事件分类的高校舆情应对是近几年研究的一个重要方向，但尚未就高校事件分类形成统一的标准。赵禹东（2019年）认为高校校园危机按照原因、危害程度、师生反应等进行划分，可分为治安安全、学校管理、意外、政治危机、互联网危机、心理健康危机、公共卫生危机；黄婷芳（2018年）认为，按照事件性质分为高校管理、自然灾害、公共卫生类，按照产生原因分为重大事件、高校管理、环境压力类；张凝（2018年）认为高校危机事件包括公共卫生类、社会型危机、高校管理危机、心理问题危机；孙小玲（2018年）则认为可分为政治类、公共卫生类、治安秩序类、学校管理类、自然灾害类；蒋静（2014年）认为高校公共卫生类突发事件具有独特的舆情发展规律，主要受公众不理性情绪滋生、社会不稳定、高校公信力下降等因素影响；舆情监测和研究机构也根据研究需要对高校危机事件进行分类。总体而言，现有的分类标准都是基于研究需要，没有统一的标准。

二、理论依据

社会心理学认为，一旦发生危机人们会根据接收到的信息自主归因，并在个体价值观的基础上对危机发生原因归责。情境危机沟通理论认为，由于公众对危机归责的不同，组织形象遭到破坏的程度是不同的，但是组织形象一旦遭到破坏，组织需要第一时间采取沟通的方式，最大程度削弱负面影响。该理论的核心观点是，依据不同的危机类型和危机情境，组织相应要采取不同的危机应对和沟通策略。该理论为危机公关的展开提供运行模型和具体策略，并且通过相关的研究和论证，情境危机沟通理论在非公共领域的有效性已经得到了证实。

高校是公共领域，具有主体多元化和危机情境复杂的特点，必须有一套较为健全的危机公关策略和沟通机制，来应对可能发生和已经发生的危机，并通过舆情应对减少危机为高校形象带来的伤害。本文运用情境危机沟通理论，分析不同类型危机事件应采用的反应策略，并进一步寻找实践中存在的问题，为高校危机事件舆情应对提供路径参考。

三、研究的主要内容

（一）基本概念

1.危机事件。美国学者罗森豪尔特（Rosenholt）指出，危机事件是对一个社会系统的基本价值和行为准则架构产生严重威胁，并且在时间性和不确定性很强的情况下必须对其做出关键性决策的事件。危机事件一般具有突发性、紧急性、高度不确定性、影响社会性和敏感性等特征。危机事件不等同于突发事件，突发事件强调时间上的突然性与不可预料性，危机事件强调后果严重性与负面影响力。依据主体类型不同，危机事件可分为政府危机事件、企业危机事件、高校危机事件等。高校危机事件是指社会、学校自身、师生个体等因素共同作用引发的一种突发的、危害程度深的事件，对高校的教学科研、管理服务以及师生生命财产造成严重威胁或危害，并且对高校形象产生负面影响。

2. 高校舆情。从传统的社会学理论上讲，舆情本身是民意理论中的一个概念，它是民意的一种综合反映。从现代舆情理论的严格意义上讲，舆情本身并不是对民意规律的简单概括，而是对"民意及其作用于执政者及其政治取向规律"的一种描述，代表着一定的政治取向。

网络舆情是以网络为载体，以事件为核心，是广大网民情感、态度、意见、观点的表达，传播互动，以及后续影响力的集合。网络舆情带有广大网民的主观性，未经媒体验证和包装，直接通过多种形式发布于互联网上。网络舆情有六大构成要素，包括网络、事件、网民、情感、传播互动、影响力。

高校舆情就是公众对高校危机事件所表现出来的态度、主观意愿和情绪的总和。高校舆情的构成要素包括舆情主体、舆情载体、舆情客体、传播互动、社会影响力等，舆情主体是一切关注高校舆情事件发展的民众；舆情载体就是互联网平台和传统平台；舆情客体就是高校危机事件；传播互动就是现实环境和网络环境；社会影响力就是不同舆情事件形成的舆论场域，包括高校舆论场、公众舆论场、媒体舆论场、上级部门舆论场等。

（二）高校舆情的特点

1. 舆情事件多发、传播速度加快。高校作为特殊的组织，高校危机事件具有一定的社会敏感性，尤其是学术不端、师德失范等话题极容易吸引眼球，形成舆情。通过教育系统相关统计数据可以看出，相比其他教育阶段，高等教育阶段的信息量比较多。而且，全媒体时代，网络的开放性和便捷性让信息源由单一传播变成交叉传播，高校舆情能够在更大范围内进行裂变式传播，形成滚雪球效应。以北京某高校教授学术不端事件为例，通过关注者的地区来源来看，除了北京关注度最高，广东、江苏等东部沿海省份公众也十分关注，舆情影响范围波及除新疆、西藏、青海之外的大多数省份；参与舆情传播的群体来源广泛，以政府、教育行业为主，也包括少部分在司法、金融等行业的群体。

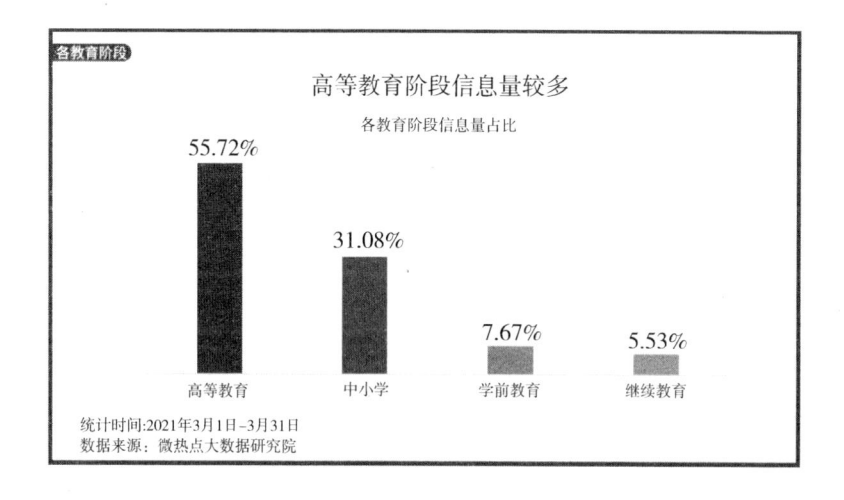

各教育阶段信息量占比

高等教育阶段信息量较多

- 高等教育：55.72%
- 中小学：31.08%
- 学前教育：7.67%
- 继续教育：5.53%

统计时间：2021年3月1日-3月31日
数据来源：微热点大数据研究院

2. 舆情传播更倾向于新型社交媒体平台。伴随着互联网技术的发展，以微博、微信、知乎为代表的新兴社交媒体平台吸引了越来越多的用户，在新媒体环境下越来越多的受众在社会舆情发展过程中扮演着"公民记者"角色，成为信息发布、报道、评论者。通过对高校危机事件信息源的分析来看，舆情爆料显现出全民参与的特征。北大录取通知书"内外有别"，因为网民晒出录取通知书，进而引发网民对于北大"超国民待遇"的不满。"海南大学禁止外卖入校""浙大食堂疑似食物中毒""宁波大学一副教授被曝性骚扰女生""沈阳大学研究生因奖学金被刺案"等事件均属于在校学生网络发声维权。

3. 舆情爆发的群体极化性强。高校危机事件由于涵盖广泛的高校利益相关者和话题敏感性，舆情爆发具有很强的聚集性。在一些学术不端、师德失范事件中，央级媒体、财经类媒体以及科技类媒体参与度都比较高，参与媒体权威性越高，媒体意见领袖的聚合力越强，越容易对公众认知造成影响。通过数据分析，以北京某高校教授学术不端的微博事件为例，其影响力高于84%的社会类事件。高校危机事件容易引发网络围观，师生会迅速通过网络交流互动，自发形成多个交流圈，不断强化倾向性观点和主张，体现出一定的群体极化性，覆盖了网络里其他声音，增加了舆情应对的复杂性和难控性。例如某大学喊楼事件发生后，一些负面情绪发泄覆盖网络中理性思考，引发了舆情事件。

（三）高校危机事件舆情应对策略分析

当前高校舆情话题更加多元化，舆论对学校管理、校园安全、教育公平、教师言行、违纪违规、学术不端等话题颇多关注。人民网舆情数据中心教育舆情数据库和新浪微博教育舆情微热点有专门的教育类舆情统计和分析，具有一定影响力和权威性。新浪教育舆情把教育类舆情热点分为教育管理、招生考试、信息发布、学生表现、教育安全、学术科研、师德师风等类型。优讯舆情监测系统将高校危机事件分为学术反腐、校园管理、校园安全、教师言行、内外公平、师德师风、招生入学等。

为便于研究，按照高校舆情应对策略不同，我们把高校危机事件分为学术科研类、师德师风类、招生就业类、学校管理类四类事件。

由于不同的危机责任形成的危机类型是不一样的，而且受危机事件本身复杂性、舆情形成与高校介入的时差、是否出现新要素等影响，危机事件应对效果具有较大差异。因此，当危机事件出现时，高校要通过一系列的措施应对危机，这一系列措施在危机理论中被称为危机反应策略。情境危机沟通理论提出可以通过三种基本路径应对不同的危机事件，一种路径是声明危机不存在，并与声称组织出现问题的人或者组织对质，即否认策略；另外一种路径是声称危机带来的损失或者伤害很小，危机是由于不可抗力因素导致的，即淡化策略；还有一种就是对危机受害者表示关心或者同情，对危机发生表示遗憾，声称承担责任并进行修正，即重建策略。三种路径最终的目的都是通过积极有效的舆情应对，维护组织形象。高校危机事件舆情应对，同样要遵循相应反应策略，才能取得好的应对效果。

对于学术科研类，特别是师生学术不端类，一般来说是由于高校管理监督不到位引发的，因此，高校一般采取的是重建策略进行舆情应对。例如对南京某高校梁某学术不端，高校通过彻查，承认梁某存在问题，并根据相关规定对其进行处理，取得良好的应对效果；对于武汉某高校李某团队涉嫌学术造假，高校通过一系列文字、视频、图片否认，同时开展6次舆情应对，取得良好的应对效果。北京某高校孙某涉嫌学术不端，学校仅提供指示性信息，舆情应对效果较差；对于饶某举报三名学者涉嫌学术造假，相关高校通过淡化处理，没有采取应对举措，舆情应对效果一般。

对于师德师风类，和学术不端类一样，事件主体都是教师，危机事件发生同样与高校管理不到位有密切关系，高校也应该采取重建策略进行舆情应对。例如，对北京某高校陈某性侵学生，高校承认陈某存在相关问题，对陈某进行一系列处罚，并表示高校会有所改进，取得良好的应对效果。对于北京某高校薛某性骚扰学生，高校仅提供指示性信息，采取淡化策略，应对效果较差；对于四川某高校郑某师风师德失范，高校没有进行应对，舆情应对效果较差。

对于招生就业类，高校应该积极应对。例如，广东某大学院长篡改考生成绩，高校承认篡改考试成绩，并根据相关规定对违纪人员进行处理，舆情应对效果良好；北京某高校涉嫌研究生考试压分，高校发文否认出现管理问题，也取得良好的应对效果；重庆某高校研究生招生考试漏题，高校承认招生考试出现问题，并根据相关规定对违纪人员进行处理，取得良好的效果。山东某高校连续两年出现"问题论文"，高校未采取措施应对，对高校形象产生不良影响；北京某高校退档河南考生，高校仅提供指示性信息，舆情应对效果较差。

对于学校管理类事件，例如山东某高校留学生学伴，高校承认在语言表述中出现问题，感谢公众批评并恳请原谅，但应对不及时，应对效果一般，对高校形象产生很大影响；辽宁某高校天价宿舍，高校仅提供部分指示性信息，表明配合做好调查，舆情应对效果较差；海南某高校禁止外卖进校，高校进行淡化处理，声称是正常管理行为，舆情应对效果较差。

（四）高校危机事件舆情应对案例分析

在热点舆情中，绝大多数高校均能做到及时回应，这是当前高校加强舆情管理的重要体现。根据针对性原则和问题导向，以山西某大学校园暴力事件舆情应对分析为例，从舆情信息、高校应对策略、舆情应对效果进行分析，探究当下高校危机事件舆情应对现状。

1. 舆情要点

2019年5月29日11时，山西某高校大二女生芝芝@王芝芝会有狗的微博爆料，称一年来长期遭室友李某、赵某二人"校园霸凌"。李不仅给芝芝起"潘金莲"侮辱性外号，还多次胁迫扒芝芝衣服，拍摄照片视频上传至多人群聊，导致芝芝患重度抑郁。该微博发布后引发大量网友关注和讨论。

从舆情走势来看，舆情形成、扩散到爆发，时间比较短，中间因为有新情况发生，舆情热度两次反复，直至缓慢回落。

舆情形成-扩散期。2019年5月29日11时，太原师范学院大二女生芝芝@王芝芝会有狗的微博爆料，称一年来长期遭室友李某、赵某二人"校园霸凌"。李不仅给芝芝起"潘金莲"侮辱性外号，还多次胁迫扒芝芝衣服，拍摄照片视频上传至多人群聊，导致芝芝患重度抑郁。该微博发布后引发大量网友关注和讨论。这条微博传播有效转发量达2万次，内容敏感度为59.67%。

舆情爆发-反复期。舆情爆发后，两度上热搜，舆情态势出现反复，事件热度持续多日。据微热点数据平台统计，在5月29日11时至5月31日9时期间，"山西某高校校园暴力"全网相关信息量40万条，截至5月31日8时，#山西某高校回应女生遭校园暴力#等相关话题，总阅读量为9.3亿次，讨论为15万条。

舆情回落期。5月31日之后，舆情热度以及相关话题量开始走低，舆情缓慢回落。

2. 高校舆情应对策略

该危机事件中,山西某高校采取淡化和否认策略进行了回应。在第一次回应中,即危机事件发生的当天,5月29日19时,学校通报了基本情况,并发布即将采取的修护行为。学校称已关注到中午网上学生反映的情况,第一时间召集相关当事人进行核查,将根据核查结果做出相应处理,并及时进行公布。

第二次回应是在当事人发布新的信息后,5月30日晚,学校发布情况说明称:①经核实,4人在宿舍内常互相嬉戏打闹,存在玩笑过度举动和不妥言行,但未发生暴力行为。②不存在扒衣服行为,不存在拍摄和向外发布裸照行为,视频仅发至本宿舍QQ群,未向外发散。

3. 舆情应对效果

我们通过危机事件的舆情热度、舆情情感倾向分析高校舆情应对效果。

舆情热度是指危机事件爆发后,互联网平台上各类媒体对事件的报道、网民对事件的讨论,以及组织疏导事件在网络上所形成的非常规舆情高涨的程度。从高校舆情应对内容对舆情热度的影响看,该事件热度指数均值为37.59,热度指数变化趋势显示峰值出现在5月30日15时,热度指数为74.32。经分析,该峰值出现是由于出现新的信息,5月29日21时,当事人芝芝不但删除了最初的爆料微博,还发出了一条新微博,称之前所说的校园霸凌只是"舍友之间的打打闹闹,玩笑可能开过了头",自己在气头上发表了过激言论,希望网友不要过多炒作。这条微博得到2万次的转发。由此,部分网友质疑芝芝是被学校胁迫删帖,导致事件热度不降反升。截至31日8时,事件的热度指数仍保持在50以上。5月30日及31日,该校园暴力事件连续两日居于微博热搜榜前十,阅读量超过百万,同时由事件衍生出的校园霸凌话题也位列榜单之中。

从高校舆情应对对社会情绪的引导效果看，利用新浪舆情通抓取的相关数据，在该事件的关键词云中，"某某学院""校园暴力"是事件的核心词汇，"重度抑郁""潘金莲""偷拍""裸露"等有关受害者遭遇的敏感词备受关注。在舆情形成之初，公众焦点明显受到相关报道框架的影响，高校名称、涉事人员名称和危机事件本身等是主要舆情内容。

在当事人再次发布新信息，以及学校回应之后，"打闹""玩笑""过激"等词是网友最为关注内容，"息事宁人""玩笑""回应""胁迫"等词表明网友质疑学校压制舆论，学校回应成为焦点。在舆情缓慢回落阶段，"刑事责任""司法""警方"等词在相关报道和评论中多次出现，说明民众对该危机事件的负面情绪已经慢慢消退，在高校引导下开始走向对社会现象的深层次思考，媒体和网民热议如何对校园霸凌"Say Bye"。

（五）高校危机事件舆情应对建议

1. 增强危机识别能力，构建网络舆情安全预警体系。从相关案例分析中可以看出，高校舆情风险识别能力不足是导致舆情应对效果参差不齐的重要原因。在高校管理危机事件过程中，有常见的高频风险点，有一定的事件生成规律，高校可对舆情风险点进行有效监测。例如"北京某高校陈某性骚扰事件"，该事件的舆情风险点在热门新媒体平台潜伏3个月之久。在"北京某高校翟某学术造假"事件中，2018年2月有网友通过社交媒体爆料，高校未给与充分重视。高校要优化舆情监测系统，构建网络舆情安全预警体系，一方面要内部多部门联动，建立高校大数据信息平台和数据链。另一方面要借助专业平台做好舆情监测，定期做好舆情分析。同时，高校应该组建专业化的网络舆情处理队伍，增强危机识别能力，高度重视发现舆情风险点。

2. 畅通信息传播渠道。从舆情首发站点来看，优讯舆情监测系统发布的2019年热度较高的23起高校舆情事件中，有15起舆情首发于微博，其次是微信、新闻网站、知乎和论坛，充分说明自媒体是高校负面舆情的主要信源及舆情发酵关键渠道。而在舆情应对的信息渠道中，高校使用单一信息渠道较为普遍，一般为高校官方新浪微博、高校微信公众号、高校官方门户网站等，其中新浪官方微博是最为常用的舆情引导渠道，其次是高校官网。随着信息技术发展，信息传播渠道和模式发生深刻变化，自媒体平台在信息发布和传播中的作用越来越突出，在高校危机事件应对中，高校需要进一步增强与媒体联动从而进行舆情应对的能力，尤其是善于运用中央主流媒体发声，借助其权威性来批驳谣言、澄清事实，维护高校自身形象。要发挥全媒体平台信息渠道畅通的优势，通过主动发布信息，发挥"意见领袖"作用，引导形成有利于高校的社会舆论导向。

3. 健全危机事件舆情应对机制。高校危机事件舆情应对是一项系统工作，要依托可调动资源，快速搭建多中心、多层次的舆情引导体系。高校作为联动机制的中心，引入多方力量，包括与媒体联动和意见领袖协同扩散舆情引导内容的传播渠道，联动上级部门增强舆情引导的权威性。同时，应该协调校内各部门做好事件调查、舆情应对、受害者安抚等一系列应对工作，牢牢把握舆情引导主动权。

同时，高校在日常工作中要加强对外形象宣传，通过多方面的对外宣传，加深公众对高校的了解和理解，从而对高校治理中的决策给予支持，对高校舆情应对给予信任和支持。

4. 把握好舆情应对事件时间。网络舆论监督的长尾效应是舆情阶段特征的体现。传统媒体监督中，以普通公民为代表的监督"尾部"影响力有限，其意见难以公开传播并发挥监督效力。随着网络聚合民意的"长尾"存在，任何一个微小的、在传统世界不可能聚集广泛关注的事件或者观点都能够在网络空间找到"志同道合"的群体，从而将微小意见聚合成具有一定社会影响力的观点，会产生各种舆情"次生灾害"。比如，在"某大学的喊楼"舆情事件中，有人将喊楼视频于2020年9月20日晚上23：30发布于网络上，9月21日凌晨1：12在新浪微博引发话题讨论，评论数量达到 13000 余条，转发数 4000 余条，点赞数达到 23 万余次。短时间内，其他微博公众号、问答、新闻平台纷纷发布信息，高校遭遇了"一边倒"的舆论压力。所以危机事件产生舆情后，高校应该尽快应对，把握好舆情应对速度。目前学界对舆情应对速度的主张，从传统的 24 小时到"黄金四小时"，充分说明舆情应对速度的重要性。就目前高校危机反应速度来看，一般来说高校都会在 12—24 小时内进行第一次应对，主要发布指示性内容，包括基本情况、所采取的措施以及即将进行的修正行为。48 小时之后进行第二次应对，根据危机事件性质采取不同的舆情反应策略。

5. 深化危机事件舆情应对策略研究。根据不同危机情境，采取不同的舆情应对策略，会产生不同的应对效果。通过典型案例分析，我们可以看到高校舆情内容对舆论热度和公众情绪产生深刻影响。舆情应对效果好，转危为机，有助于高校重塑社会形象；舆情应对效果不好，将对高校形象带来负面影响，在社会民众中产生消极印象。但在实际工作中，同一种应对策略在不同事件中，舆情应对效果不尽相同，所以我们还要深化对舆情应对效果评估分析，找到危机类型与反应策略之间的匹配关系。当然，也有研究表明，如果危机事件性质恶劣，并且造成严重后果，则由其引发的网络舆情很容易对学校形象造成巨大影响，这一过程中可以忽略舆情反应等的作用。因此，我们在做好危机事件网络舆情应对同时，更要注重做好校园安全日常管理，避免危机事件发生。

下 篇

龚道溢：对学生负责，对学问负责｜北师大故事

这是一个地理学老师科研与教育并重的北师大故事

人物卡片：龚道溢，气候学博士，先后在北京师范大学资源所、减灾院、地表过程与资源生态国家重点实验室（地理科学学部）工作，历任讲师、副教授、教授。曾先后于汉城大学、挪威卑尔根大学、瑞典哥德堡大学、瑞士伯尔尼大学等做长期/短期访问学者。主持了国家自然科学基金的北极涛动调制印度洋偶极子模态的机理研究、北极涛动对印度洋气候的影响及其机理研究、中国气候要素周循环现象的诊断分析等项目。从2014年到2019年连续六年入选ELSEVIER高被引中国学者。

一、地理是一件从一而终的事

选择了地理，选择了从一而终。

龚道溢的童年时期，就尤其喜欢《十万个为什么》《世界之最》等书籍，书本为其打开了一个广阔的世界，也让一颗名为"地理"的种子，埋在了少年的心中。随着时间的增长，在新知识的不断浇灌下，种子破土而出，生根发芽。

高考时毫不犹豫地选择了地理专业，本科时期的潜心学习，更让龚道溢明白了自己真正喜欢和擅长的方向——气象与气候，既然明确了方向，那就只管风雨兼程、埋头苦干。当关于长沙八十多年降水变化的本科毕业

论文终于完成时，龚道溢清楚地知道，这不是结束，而是新的开始。

随后，龚道溢考入了北京师范大学攻读硕士，继续做着环境演变、气候变化等地理研究，回想起这段北师大的研究生时光，龚道溢至今仍十分感谢当时的研究生导师史培军教授，"我的导师史培军老师，他的思路很开阔，跟着他学习，让我得到了许多新的启发和思考。"后龚道溢进入北京大学继续攻读气候学博士时，王绍武教授也带给他很大的影响，尤其是怎么做科研、怎么理解气候等，都让龚道溢受益匪浅。

地理陪伴了龚道溢的一整个学习生涯，毕业之际，如何选择下一步人生规划，也成为一个难题。最终，龚道溢放弃了进入科学院和其他事业单位的机会，再度重新踏回北师大校园，成为北师大的一名青年教师。之所以再次重回北师大校园的原因，龚道溢连声感叹："实在是因为太亲切了！"无论是这里曾经的校园、曾经的生活，还是曾经的人，都亲切而熟悉，"已经和北师大有感情了，觉得还是回师大好，很熟悉，很亲切。"

除了"亲切"之外，龚道溢选择成为一名老师，还是因为"地理"。龚道溢的地理不仅仅在于个人学习，而在于薪火相传。地理是一个永恒的课题，不会只停留在现在，在未来如何应对气候变化，如何更好地守护我们共同的地球，都需要青年一辈接好这一棒，才能薪火相传，生生不息。例如在地理问题中，全球变暖是现阶段全球变化，或者说环境变化最大的一个问题，它带来的影响是持续的，但现在信息来源广而复杂，同学们反而不能真正了解关于这一地理现象的内在科学，所以龚道溢开设了"全球变暖"课程，更希望通过老师的引导，帮助学生们补充所缺乏的科学知识部分，让学生更清楚、正确地理解地理。

选择地理，也选择了传承，将知识不断地传递，这才是真正的从一而终。

二、对学生负责，对学问负责——"我培养研究生的一些体会"

我带研究生，包括硕士和博士生，已经快接近20年了，这些年来，我从开始的时候一点点学习如何带研究生，到现在也积累了一些经验，当然也有一些教训。回头来看，感觉要培养好研究生，我体会最深的一点，就是自始至终要秉持一颗仁爱之心，对学生负责、对学问负责。在研究生的招收、培养以及学术能力的提升几个方面都要一以贯之。

1. 关于招什么样的学生

招生如相亲，心仪"白富美"、嫌弃"低矮挫"，是人之常情。研究生招生的时候，要招什么样的学生，不同的老师可能有不同的考虑。当然老师都希望招收到素质好、专业对口、基础扎实、能力强的"白富美"，生源上倾向于招收水平比较高的学校，包括"985""211""双一流"以及行业领先、有特色的大学的生源。不过很多时候大部分考生来自"非著名"高校。

我招收研究生的时候，并不刻意去只挑选背景好的学生，这些年我招收的学生，来源包括了国内一流的学校、地方普通院校，分布上从东部发达地区到西部地区，以及国外，有保送的、统招的，也有调剂的。这与我个人的求学经历有一定的关系，我本科毕业的时候，从湖南师范大学报考北京师范大学研究生，我的导师张兰生、史培军老师没有因为我来自地方院校而拒绝我，研究生毕业的时候，临时决定报考北京大学地球物理系气象专业博士生，北大研究生院给错过报名日期一个礼拜的我当场补办了报名手续，我的导师王绍武老师也没有因为我的本科和研究生专业是地理学，而拒绝我。

从某种意义上讲我这个出身差、专业不对口的"低矮挫"，受益于北师大和北大研究生院招生时的包容，是非常幸运的，对此我也一直心怀感激。所以我招生时常从自己的求学经历出发，站在考生的角度考虑。只要学生精神比较正常,通过了考试,具备了基本的素质,我就考虑招。

"没有差的学生,只有合不合适的题目。"王绍武老师的这个观点我是举双手赞同的。

2. 关于学生招来如何培养

学生招来是要培养的,培养的方式有"圈养"和"散养"。"圈养"的干项目。有的学生招收的时候目的很明确,就是要参与和承担导师的科研任务。要干好这个布置作业,需要有前提条件,良好的专业知识和科研兴趣都不能少。赶鸭子上架,风险比较大,也有点不负责任。特别是理科,不是有足够的工作量就能毕业的。学生半路更换论文题目的情况并不少见。

"圈养"对学生最大的好处是学得快、学得好,因为科研课题涉及的专业领域通常是导师擅长的,尤其是像国家自然科学基金项目等,导师对相关的科学问题了解透彻、具体,也是某一领域的权威和专家,学生做学问是站在导师的肩膀上起步,做好了,就是百尺竿头更进一步,容易出好成果、容易成才。

而"散养"呢,是学生想干啥就干啥,凭兴趣。不好的是,因为每个老师的学识总有局限性,不擅长的领域可能前沿了解不足,学生做出好的成果更难一些。好处是对提高学生的独立思考和动手能力有利,而且中途更换论文题目的情况很少。

我的研究生招来以后做什么?干项目的和根据个人兴趣选择题目的都有,"散养"的可能占多数。所有的学生来了我都会先询问,对什么感兴趣,我也会介绍我有什么项目在做,是否感兴趣?让学生先考虑考虑再做决定,根据学生的学科背景我都会给出建议和几个选择。一般来说我都是尊重学生选择的研究方向,最后商量确定论文题目。这样做的原因主要是因为学生的学科背景差异太大,有地理学的、大气科学的、物理学的、生态学的、统计的、农学的、环境科学的等等,即使是地理学背景的,具体的专业也有差别,自然地理的、GIS 的、遥感的、旅游的都有。我擅长的专业领域是气候变化,要给所有的研究生通通指定一个气候变化的题目显然是不妥当,当然也是不负责任的。最理想的情况是尽可能地结合学生的学科背景。譬如这几年带的几个学生中,有农学背景的最后选择做气候变化对植被的影响,有 GIS 背景的选题多源数据重建污染物浓度数据集,有自然地理学背景的选题地面风速的变化、沙尘暴、气候灾害等,有大气科学背景的选择人为气溶胶、气候动力学的题目,有物理学背景的选题气候数值模拟,等等。往高了说算是因材施教吧。

总之,无论研究生进来做什么,都要包容、尊重学生,根据多年的情况来看,不管是"圈养"还是"散养",对硕士研究生而言问题都不大,但是对博士生要慎重。

3. 关于如何培养好学生

这个问题我个人有两个方面的理解,一是怎样好好地培养学生,二是怎样培养高质量的学生。

带学生的过程中,对于"快"的学生,只需要把握大的方向,提醒一些科研中需要注意的地方,细节指导较少,总的看是一个教学相长、共同进步的过程;"合格"的学生,按照总体设计,细节分解,按部就班,把握好计划进度时间节点即可;"慢"的学生,多提醒和启发,不骂不催不哄,有一点要坚持,那就是学校还是讲斯文,传统的温良恭俭让不能丢掉。碰到动手能力弱的学生,要给予帮助,比如我也曾经给学生查过文献、写过程序代码。学生的成长,有个过程,对于比较固执的学生,人格上也要尊重,宁愿导师退让也不要打压学生的自尊自信。

曾经有一个学生对双 ITCZ 的理解,有点儿问题,讨论的时候也不接受我的意见,我让那个学生自己慢慢体会,但是发表的文章中我坚持改过来。毕业以后这个学生也当了老师,一次来北京对我说她当时的 ITCZ 理解的确有问题。只有学生自己懂了明白了,才真正学到了知识,否则只记得老师告诉他的，是做不好学问的。另外，导师给学生改文章，总的说这是一件痛苦的事情，但这是一个必须坚持做的事情，也是导师的责任。

另外一点体会，在指导学生的过程中，一定要勤问，时不时地问最新是什么情况，客观事实细节是否经得起推敲，涉及哪些相关要素，主要物理过程有哪些，前因后果是什么，为什么是这样，有什么证据，怎么证明等这些问题。反复问，直到能回答清楚这些问题，有一个合理的解释为止。

至于如何培养出高质量的学生，狭义地讲，就是如何提高学生的学术素养和科研能力，功利性地说就是怎样教学生写文章。这个也就是上面说的，我就是反复问学生科学问题，引导学生弄清楚客观事实、想清楚物理过程、说明白道理，这就是好文章。学校有一些硬性的要求，必须毕业之前发表文章，是不是好学生，通常看文章的多少和论文发表的杂志档次。这些功利性的指标有时候也给学生带来一些压力。

我还有一个研究生，北师大资源学院本科保送的，硕士生期间我只给她说了大体方向，论文细节都是她自己琢磨，不懂的去北大听课学习请教，三年下来学会做科研，我，包括北师大认识她的老师们，都认为她是一个高质量的优秀硕士，虽然毕业时也就只发表了一篇英文文章，这篇英文文章也是我多年来第一次同意署名在学生后面当通讯作者。这个硕士毕业后去了美国念博士、博士后，科研上做得挺顺利。

广义地讲，培养合格的学生就好像是做产品，但是这个产品是人，个人认为评价的标准应该是：人格独立、思想自由和科学素养。浮躁的环境中具有独立的人格，是做好学问的前提，理学是讲科学道理的，只有人格独立，才能不预设立场先入为主或者人云亦云无主见，保证学术的客观性；思想自由，才能不落窠臼，敢想，才能有所创新；必要的科学素养，才能对各种想法证伪求真，不是胡思乱想，而是想得有道理。

以上纯粹是个人带研究生的一些亲身经历和浅见，各个专业、老师们情况不一样，也都有自己的经验和行之有效的做法。我的这点体会，给刚开始带学生的老师们，权且当一个参考吧。

三、科研中"兴趣"是最好的老师

对于如何做好科研，"兴趣"是龚道溢给出的关键词。"有目的或者说有功利性地去做，那样是做不好工作的，想要基础研究做得好，应该是科学兴趣最重要，哪个科学问题你感兴趣，然后去研究，觉得把这个科学问题解决了，这就是科研中最'有用'的了。"

龚道溢强调，只有带着无功利的心和兴趣去研究，这样做下来的工作，在科学上才能做得特别扎实，禁得起推敲。龚道溢也举出了自己亲身例子，"回头来看，我这些年做的工作，实际上想一想并不多。真正说自己做得好的满意的，也可能就那么三、四篇文章，但是呢，我当时还没做的时候，也就是研究刚开始时，就完全是凭自己的兴趣，我就对这个东西感兴趣，做起来就会想得比较多，而不是只是为了完成一篇论文，这样的话做下来，考虑的因素更多，做的研究也更加扎实，现在自己回头来看也还是比较满意的。所以做科学研究这一块，兴趣，是最好的老师。"

最后，龚道溢也对每一位想做或正在做科学研究的学子们给出了一些建议：

做好的科研，做好的工作，一定要有好的兴趣。你想要做得好，那么一定是你感兴趣的。如果你不感兴趣，有可能会做出好的结果，但是呢，一定不会成为你的一个职业，也就是说这个不会成为跟随你一生、要做一生的东西或事业。所以如果年轻的同学想做科研，一定要是特别感兴趣的，而且，如果你想长期做，一定要提高自己的兴趣，有了兴趣你才能做好。

除了兴趣，也要一直坚持，你要看准一个方向，选择了就一定要坚持下去，这样你才能成为专家呢！天才不是天生的，而是一点一点积累的，有些东西需要慢慢地悟出来的，不到一定的积累，是悟不出来的。

所以长期坚持非常重要，你如果一辈子，就做那么一两件事，两三件事，那你坚持到最后，一定会成为这个行当里头的专家或者大专家。

（文字：曹缤兮）

李正荣：教学中的浪漫主义与现实主义｜北师大故事

这是一个师道传承的北师大故事

人物卡片：李正荣，北京师范大学文学院教授，北京师范大学跨文化研究院副院长，北京师范大学跨文化研究院俄罗斯及东欧文学研究所所长，教育部区域和国别研究基地俄罗斯研究中心特聘专家。主要研究方向为俄罗斯文学、基督教文学、列夫·托尔斯泰研究与跨文化研究等。出版学术专著有《托尔斯泰的体悟与托尔斯泰的小说》《耶稣传》《托尔斯泰传》，译著有《天国在你们心中》《论生命》，并在《俄罗斯文艺》《民族文学研究》《经济观察报》等国内外杂志报纸发表文章几十余篇。曾获俄罗斯莫斯科作家协会"莱蒙托夫"奖章，全俄莱蒙托夫协会纪念奖章以及多项教学科研类奖项如"宝钢教师奖"，北京师范大学第四届"最受研究生欢迎的十佳教师"等。

两面墙壁的书架上满满当当摆满了书，办公桌上还堆叠着好几本拳头厚的字典和文献，这是李正荣教授的办公室。李正荣不仅是书斋中勤耕不辍、受人尊敬的学者，更是在讲台上发光发热、受到同学们广泛喜爱的老师，获评了2019年北京师范大学第四届"最受研究生欢迎的十佳教师"。在采访中，当被问及教学心得，李正荣不是从自己而是先从自己的老师们谈起。他自1978年来到北师大，接受了长达10年的本科至博士阶段教育，又于 1994 年开始在北师大任教。他将自己这一路上在学术和教学上的成长归功于北师大教师们对他的影响。北师大老师们的学识涵养、教学风范以及质朴谦逊的做人风格都给他带来精神的滋养。他在对师道的传承中逐渐形成了自己浪漫主义与现实主义相结合的教学理念。李正荣对大学精神的阐释也是在洋溢诗意的同时彰显理性，更兼传统文人的风骨和现代学人的锐意创新。

一、我的老师们

"大学应该是什么样的？"这个问题时常成为公众热议的话题。在我看来，我的老师们身体力行，做了最好的示范。正是在他们的影响下，我确立起作为一名大学老师在学术和教学上的追求。所以在展开谈自己的教学心得之前，我想先谈一谈几位对我影响很大的老师的事迹。

1978 年，我来到北师大中文系，首先是课堂上老师们的风范给我的直接影响。那时北师大中文讲坛上，身临"五四"的一批大师尚在，黄药眠、钟敬文都给我们开过课。冬天的时候，这两位中国现代文坛宿将，戴着北京人特有的呢绒毡帽，开口就是文史，也让我们走近文史。稍微"小字辈"的，是俞敏、陆宗达、启功一代老师，天冷的时候，他们也戴着北京人特有的呢绒毡帽。他们都是各把一门课，从头至尾，学术含量之大不必说，也让我们这些从六七十年代"捞"回来的学生懵懵懂懂地进入了"中文"。老一代老师师心炽热，倾情讲坛，我们最受益。今日已经成为学科名师的老师，当年还是少壮派，按照给我们上课的顺序，这些中流砥柱是这样一批朝夕相处的老师：梁仲华、杨占升、黄会林、张之强、曹述敬、邹晓丽、史锡尧、仲哲民、周同春、郭预衡、李修生、聂石樵、邓魁英、韩兆琦、杨敏如、辛志贤、匡兴、陈惇、谭得伶、陶德臻、傅希春、关婉福……后来，更有像许嘉璐、童庆炳这样的重量级老师来到我们的讲坛。如今，只是数数这些老师的名字都让我怦然心动。北师大的老师，各有风范,学问各有所长,对于我这样先天不足的学生来说,影响是脱胎换骨的。北师大中文系老师还有一样真宝遗传,是我极为珍视的,那就是质朴谦逊。冬日里那一顶顶毡帽,长留在我心里,现在才明白,那是代表一种风格。"少壮派"老师尽管不戴那种毡帽了,但是,风格不变。质朴谦逊之顶礼,滋兰树蕙,我能得到滋养,是万幸!毕业后两年,1984年我从中文系跨界考入北京师范大学外语系苏联文学研究所,又隔三年,进入外语系,专修俄罗斯语言文学,更得到这个领域恩师的培育。

我的老师蓝英年先生是《日瓦戈医生》《库普林中短篇小说选》《回忆果戈理》等众多苏俄文学名作的译者,创作了大量关于中俄文化关系的文章,推动了中俄文化交流。他在教学和科研之余自发地进行文学翻译工作,超额地完成了大学老师规定内的工作目标,在自己的专业领域内作出了巨大的贡献,也产生了很大的社会影响。要知道,在当时的职称评估体系中,翻译作品是不能算作科研成果的,也就是说蓝老师并不是为了功利性的目标如申报课题,评职称等进行翻译的。他首先是基于学科发展的需要。他认为在苏俄文学专业领域内,有一些重要的、在国际上很有影响力的文学作品,值得翻译,就主动承担起这一项工作。其次他是出于自己对文学翻译的、最为纯粹的学术兴趣。他基于学科发展的更大的目标,自主选择并坚持自己的学术追求,为翻译和文化领域作出了巨大的贡献。

我的另一位老师钱育才先生,同样是一位著名的俄语译者。他以"钱诚"为笔名,翻译了《大师和玛格丽特》等著作。在任教北师大之前,他曾在国际新闻局(即外文出版社和外文局的前身)工作,多次参加中央重要文件俄文翻译组的翻译和核稿。有一次,在对某个讲稿进行翻译的过程中,他发现讲稿在"民主德国"和"联邦德国"的使用上存在错误。是否要按照正确含义进行更改翻译?负责将原稿外译为不同语种的译者们就此事产生了分歧。只有钱老师坚持:一定要按照正确的表述翻译,否则损失的就是国家的尊严。时间紧迫,晚上就要发稿,译者们的争执却一直持续到下午五点多。结果，其他语种包括英、法、德语的译者都遵照原稿进行翻译，只有钱老师坚持正确的译法。这件事还惊动了上级，最后反馈意见支持钱老师的做法。这件事还促使整个相关运作体系有所变革和调整，明确了重要文件的翻译也不能一味遵照原稿，发现问题要及时汇报的原则。在这件事中，钱老师所表现出的，顶住外在压力，坚持"正确"的原则，对我的影响很大。

另外一位对我影响很大的老师是程正民先生。他做学问特别踏实，在选定了俄罗斯文学这一领域之后，就克服学外语等种种障碍，投身到研究中。他出版了大量俄罗斯文艺学研究著作，例如对巴赫金文艺理论的研究。已经八十多岁高龄的他，最近又主编了一套六卷本的俄罗斯文艺学丛书。他每天努力地工作，谦虚低调地完成庞大的学术工程，而且他对学生也特别关心爱护，无论是硕士生，还是博士生，真正把学生的事情放在心里，主动地去了解学生的情况，很多时候能够在真正产生问题之前，就帮助学生处理掉工作、感情、家庭方面的困难。

在北师大，这样的老师不只程老师一个，这已然成为北师大教师群体的一种风格。我从本科就读北师大一直到博士，遇到的一批老师都是这样，我能讲出无数类似的故事来，谭得伶老师也是典型的例子。她对我们学生有着长辈的关爱，非常关心我们的身体健康，到现在八十多岁了，还经常打电话叮嘱我们要注意身体。谭老师是第一批留苏归国的高才生，是研究高尔基的专家，但她本人非常低调，对于这样一个隆重的身份，几乎不提。

谭老师的先生王梓坤教授，著名的数学家、中科院院士，也是北师大数学系的教授。他曾担任北师大的校长。在他任期内，他做了一件对整个教师群体都非常有意义，可以说是提升了教师群体的社会地位和精神境界，增强教师从业人员的荣誉感和崇高感的事情——设立教师节。当年王老师带领师大的一批老教授像钟敬文、白寿彝先生等，联名向人大常委会提交了设立教师节的申请，最终获得批准，所以才有了一年一度的教师节。这是王老师作为一名教师为整个教育行业做出的巨大贡献，传扬了"尊师重教"的精神风尚。

以上这些都不是我的导师，但他们的言行对我产生了非常深刻积极的影响。而要说我的导师们，同样地，他们对我也是非常关心，对我学术上的影响让我终身受益。我的硕士导师李兆林先生，对我们学生的关心非常直接。研二的时候，他带我们硕士生一起去上海开会，把我们介绍给各个学科领域内的专家学者们。我的硕士论文的写作，就受了在上海遇见的一位老师的启发，后来那位老师还大方地同意我到他家查阅资料。由此可见，李老师和他的同行们都是十分乐于帮助和支持学生的学习和研究的。

我的博士导师刘宁先生治学十分认真。他看书一定会做标注，甚至做卡片。他做研究非常严谨，一定要查阅第一手资料，由此他的著作学术质量很高，比如《苏俄文艺批评史》，虽然是二十多年前出版的书，但今天看依然很有价值。他还翻译了维谢洛夫斯基的《历史诗学》，出版了不少中俄关系方面的著作。

上述老师在学术和教学上的这些宝贵精神，共同构成了北师大的一种资源，一种传统。而在他们的影响下，我也有志于将这样一种传承并发扬下去。

二、我的目标：教学中的浪漫主义和现实主义

我把自己所追求的教学目标定位在两个方向上：一个是浪漫主义，一个是现实主义。一方面是浪漫主义，指的是我始终希望我自己和我的学生都能够保持对理想的追求，要追求更高的、灿烂的、梦幻的甚至是不切实际的理想。比如说在文学研究领域，要保持对诗意的追求。文学专业的学生，应该自问，有没有对诗的欲望，是否是为了心中最美好的诗意而学习，还是只是为了完成论文。对这种诗意，每个人的定义都不一样，有的

人是诗歌本身，有的人是散文、小说，或者理论，有的人可能是更奇特的某种情感。文学以外其他的学科，也有它们的诗意。比如说地理学，我读曾任国务院总理温家宝的地质笔记，就发现他的心里是充满了诗意的。他在进行地质勘探的时候经常会在日记中表达自己面对田野的感受，把自己的工作看作是寻找大自然中隐藏的宝藏，他把自己寻找大自然宝藏的过程当作一种理想的追求，这是一种充满诗意的追求，在这样的追求下，再艰苦的条件，也阻挡不了他内心浪漫的激情。你可以从他的文字中读出他在发现一种矿石时的难以抑制的喜悦和激动，这是一位理科生的浪漫。而回到文科，回到文学，则更是这样。我认为这是大学老师应该坚持灌输给学生的一种精神，应该让学生在青年时光保持年轻人的浪漫追求。这样的话，大学的课堂也才能活跃起来。

另一方面是现实主义，指的是教学要科学客观，符合逻辑，合乎公共的道理。不能滥用教师站在讲台上无形存在的一种霸权，只想着维护个人的学术权威，发表一些个人主义的、没有科学依据的观点。如果说利用自己的职权，将自己的个人主义的观点硬性灌输给学生了，会产生很不好的后果。所以我认为，讲究教学中的现实主义就是要追求学术观点的科学性、客观性。

三、大学精神：创新、守正、发现

我所追求的浪漫主义和现实主义两个方向的目标，需要以下大学精神来保障：创新、守正和发现。

第一种精神是创新的精神。我在教学和科研工作中不断提醒自己的是，要保持创新的精神，所有东西都要创新，我的课程都是按照这一要求来设计和讲授的，每一节课都是这样。我最不能容忍的就是拿着旧的讲稿直接来念的上课方式。不论是以生动的还是沉闷的形式来授课，大学教师至少要做到讲课内容是有所创新的。这个创新可以是一个很小的问题，也可以是大的学术框架或学术史观点。

第二种精神是守正的精神。我所提倡的守正指的是坚持真理，不是某一个派别的思想，而是普适性的真理。不管这样的真理流不流行，我认为都要坚持。在坚持自我的同时，也要注意听取别人的意见，不能太固执，要从多角度思考，听了别人的意见再回过头来看看自己坚持的是不是真理，这样才能守住正。有的自己认为是真理，但别人认为是谬误的，在别人指出后，还是一味坚持自己的想法就是真理，那这样就是把偏激的思想当作真理。所以这一条看上去容易做到，但实际上很难。如何判断是否是真理？发现不是怎么办？其实这里还是现实主义的问题，就是是否采取科学客观的态度。有些人为了吸引眼球或者迎合舆论，就故意说一些错误的观点，这是不可取的，因为背离了真理，最终还是会被质疑和推翻。

第三种精神是发现的精神。我认为没有绝对的从无到有，一切发明实际上都是发现。科学研究向来鼓励发明发现，那么我想，在文科尤其是我们文学学科的教学中，能不能做到在课程中有一些发现？有的时候可能是别人早就发现了，但你不知道，以为自己才是最早发现的，但即使是这样，具体每个人的发现还是会有所不同。如果能做到在课堂上有发现，那么这样的课程肯定是新鲜有趣的。带着发现的态度去讲课，你会发现教学会变得更加有意思。发现是一种乐趣，发现本身也是一种创新，在研究中能够有发现和创新，研究跟着发现走，就会变得更加有趣。我希望学生们能够具备发现的眼光，发现一定得是自己的，所以要阅读第一手资料而不是依赖什么汇编。要直接面对自己的研究对象，去发现一些别人没有发现的东西。

我希望在自己的课堂上能唤起学生们发现的愉悦，这种愉悦才是学习和科研的真正乐趣所在，才是教与学的最美妙境界。不仅是发现的精神，上面谈到的这三种精神都能够让我在大学的教学和科研中感到愉悦。我不把当老师看作是一个苦差事，因为这些东西都能够让我感到真正的愉悦，并且我想如果我要是能够愉悦的话，学生也能够愉悦。或许每一节课都做到这样很难，但是我希望至少一学期里有那么几次能让学生感受到这种知识上的愉悦，这是对教学最高境界的追求，也是我最基本的目标。

（采访、文字：王娟、李学昭）

林琳：怀揣梦想，掌握坚持 | 北师大故事

这是一个"追星人"的北师大故事

人物卡片：林琳，理学博士，北京师范大学天文系教授。研究方向为高能天体物理：磁星，脉冲星，伽马射线暴和快速射电暴。主持国家自然科学基金两项、北京师范大学青年教师基金和教改项目各一项，发表SCI论文30余篇。先后在美国费米卫星伽马射线暴监视仪地面科学小组（亚拉巴马大学亨茨维尔分校）担任研究助理，在SABANCI大学自然科学部、INTEGRAL卫星软伽马射线成像仪地面科学小组（巴黎第七大学）进行博士后研究。主讲天文系本科生课程《高能天体物理》和《空间天文探测技术》等。

11月5日，《自然》（NATURE）杂志刊发北师大天文系林琳老师作为共同第一作者的题为《银河系内磁星爆发期射电脉冲辐射的零探测》（*NO PULSED RADIO EMISSION DURING A BURSTING PHASE OF A GALACTIC MAGNETAR*）的文章。研究成果说明尽管极强磁场中子星（磁星）是快速射电暴唯一已通过观测证实的来源，但是磁星X射线爆发与快速射电暴的关联是稀少的。

在研究过程中，林琳利用了被喻为"中国天眼"的大锅、世界最大单口径射电望远镜——500米口径球面射电望远镜（简称FAST）进行观测。

"中国天眼"的新发现，迅速在国内掀起了舆论热议。多年来，林琳与国家天文台深度合作，与"中国天眼"产生了不少交集，发生了很多故事。研究成果被世界同行认可，多年的研究路径被肯定，作为一名在星辰大海中上下求索的青年学者，她有哪些心路历程？和师小萱一起，一窥"追星人"的秘密吧！

一、足够坚持和努力，才能足够幸运

师小萱：快速射电暴是现代天文学的一大谜题，您是什么时候、在什么样的背景下开始快速射电暴这一主题的研究呢？

林琳：多年来，我一直比较关注磁星，就是一种具有很强磁场的中子星。同时，快速射电暴是天文学界的一个大热门，所以我也会留意它的动态发展。快速射电暴是近年新发现的宇宙在无线电波段的瞬变信号，释放能量巨大。爆发是如何产生和传播的是天文学的一大谜题。发现初期，理论家们提出的理论解释模型比观测到的爆发数量还多，这些模型是否正确，就需要用观测来检验。在众多模型中有相当一部分是立足于磁星这一类处于极端物理条件下的天体，于是我在观测磁星的同时，也很关注它是否会产生快速射电暴。今年我一直研究的磁星中有一颗进入了活动期，于是利用"中国天眼"观测到了这些新发现。我觉得，能取得新发现一方面是因为运气比较好，另一方面得益于我对这个研究领域的长期坚持吧！

师小萱：您的研究成果发布在国际高水平期刊《自然》上，可以说得到了高度的肯定，您在研究中遇到了什么困难呢？又是怎样克服的？

林琳：天文观测有很大程度是靠天吃饭，尤其当我们的研究对象辐射活动是无规律的（至少目前我们还没有摸到它们的规律）。

观测哪个源，什么时候观测，用什么样的望远镜设置观测都会影响到最终的观测产出，而这些参数的设定是非常不确定的。目标天体在我们的观测过程中没有展现出任何有趣的行为，这也是非常通常的情况。

面对这些不确定，茫然是没有任何帮助的。在未知面前，保持良好的心态很重要。对认定有价值的研究要有信念，不放弃，做好该做的观测，把当前能做的尽量做好，坚持下去，尽人事听天命。有一句话说得好，机会总是留给有准备的人。

师小萱：您下一阶段的研究目标是什么呢？

林琳：这次 NATURE 上发表的一系列文章是快速射电暴和磁星关联观测研究的开端。

这次磁星活动的时候，人们发现它产生了快速射电爆发，并伴随着 X 射线爆发。但是我们的观测表明大部分的磁星 X 射线爆发却没有伴随射电爆发。因此这次看到的快速射电爆发是特例吗？特殊性是来自于观测限制还是天体辐射的物理特性呢？都是需要我们通过更多的观测来进一步讨论研究的。

二、合作是制胜法宝

师小萱：您下一阶段的研究目标是什么呢？

林琳：我这次感受很深的就是要合作，尤其是像做观测这类研究更是要重视合作。

2020 年 4 月，我们就提出了利用 FAST 观测银河系磁星 SGR J1935+2154 软伽马射线重复暴源（SGR）的申请。经批准后，研究人员使用 FAST 的 L 波段 19 波束接收机，对 SGR J1935+2154 进行了持续监测。

俗话说，天时地利人和，人和是很重要的。天体活动爆发往往是很突然的事情，这次发现磁星开始活动是在北京时间凌晨 2 点半左右，我早上五六点钟看到相关快报就马上跟 FAST 团队联系，他们立即调整了已做好的观测方案，在上午八点钟的时候就已经开始观测了。在磁星开始活动 13 个小时后，我们国家的慧眼-X 射线卫星也开始对同一目标进行观测。虽然观测团队、数据分析团队、理论分析团队分属不同的单位，但在整个合作过程中，信息传达非常快速通畅，合作效率非常高。这是很难做到的，在国外也是如此。因此，这次研究发现得益于 FAST 的超高灵敏度，更得益于合作团队的通力合作。

师小萱：我们注意到您的合作者当中有不少国外的研究者，那在研究过程中会不会有文化的碰撞，又激起了怎样的火花呢？

林琳：我过去在几个国外的卫星科学组工作过，也因此结识了不少志同道合的天文工作者。

他们来自世界不同国家，有着不同的观测方向，也有着不同的观测仪器和数据，我们经常会凑在一起对观测到的东西进行讨论。在此过程中，我也发现了很多有趣的事情，对天体有了些更新的认识，这也许就是一种科学的无国界吧。

三、寄语青年学子

希望同学们能踏踏实实，朝更基本的方向去做一些事情。

如果对观测感兴趣，要更深地走到仪器的层面，因为观测的基础是仪器，更好地理解仪器能帮助我们进行更巧妙地观测，能从观测数据中挖掘出更多的东西；如果想要做理论，也不要仅仅局限在对模型的改进利用上，要在更基础的层面去试图解决一些问题，解释一些现象。虽然可能一时半会儿不会有很高的成果显示度，但是这才是对整个学科发展有好处的，是科研工作者应该立足的事情。

（采访、文案：王娟、张小雨）

徐斌：在众声喧哗中追求真理｜北师大故事

这是一个畅销书作者与学生一起读马列经典原著的北师大故事

人物卡片：徐斌，哲学博士，教授、博士生导师、博士后合作导师。任北京师范大学马克思主义制度理论研究中心主任，马克思主义学院马克思主义基本原理教研室主任，兼任全国应用哲学学会副秘书长、中国辩证唯物主义学会理事。中央"马克思主义理论研究与建设工程"主要成员，国家社科基金评审专家。主要研究马克思主义理论与社会现实问题、制度哲学、人学。近年来，先后主持国家社科基金和教育部人文社会科学一般项目3项，作为主要成员参与国家重大社科基金项目《马克思主义经典著作导读（党员干部读本）》，出版《中国改革为什么能成功》《制度建设与人的自由全面发展》等著作。在《哲学研究》《马克思主义研究》等学术期刊发表论文70余篇。三次荣获北京市哲学教学研究会、马克思主义中国化教学研究会优秀成果一等奖。

他是畅销书《中国改革为什么能成功》的作者，该书一经出版便被列入"中国出版集团好书榜"，并被评为2018年度"中版好书"，还被长安街读书会列为向党政干部推荐阅读的第一书，被选为第四届全国党员教育培训教材展示交流活动创新教材。

他是关注新时代改革的学者，希望通过自己的力量把更具阐释力的理论宣传呈现在人民群众面前，用学术性、政治性相结合的方式，将习近平新时代中国特色社会主义思想变为现实。

他也是一心"想和学生们一起读书"的师者，在思维碰撞中激发学生的学习兴趣，培养的学生成果丰硕。

角色在变，初心未改。

一、马克思主义的当代价值

2018年，正值改革开放40周年。基于自己多年来对中国改革人学分析的深入思考，徐斌有了想写一本关于中国改革书籍的想法。选定主题后，他和几位青年教师带领学生一起完成了该书。《中国改革为什么能成功》一书于2018年5月顺利出版，好评如潮。在书中，徐斌提到"制度改革创造美好生活"，也正是"制度的变革给了我们和一代人改变命运的机会"。他说，自己也是制度变革的一名受益者。

1983年，15岁的徐斌考入了淄博师范学校，之后成为一名中学教师，从此便拉开了他从教生涯的序幕。而对大学的向往、对更大平台的渴望也一直萦绕在徐斌心中。政策的逐渐开放让他实现了自己的梦想，有机会考上大学，并一路读研、读博，续写了与教师这份职业的缘分。虽然读书时与北师大失之交臂，但是，博士毕业后，他顺利进入北师大任教。而这一待，就是15年。

对马克思主义的思考和研究已经持续了20多年，在马言马、懂马信马、传马护马，早已是他深入灵魂的信条。2016—2017年在加拿大访学期间，为深入了解西方基督文化，徐斌参加了当地的一个圣经班。其中有一对老夫妇，善良热情，常请徐斌吃饭、喝咖啡，向他描绘上帝的美好，甚至说服徐斌信仰上帝。"他们跟我讲上帝，我就讲马克思。"徐斌笑言。访学期间，徐斌也有了一个意外收获，那就是让这对老夫妇对马克思理论产生了浓厚的兴趣。这件趣事后来经常被徐斌拿来当段子讲给自己的学生，

"我不相信某个外在事物可以左右我的命运。我钻研马克思主义学说这么多年,更相信这样一个有条理、有逻辑的成熟理论体系。"

常年来,徐斌坚持把马克思主义学术研究作为一切的基础,追求真正掌握马克思主义的精髓,特别是从马克思主义文本经典之中去把握理论思想,从学术中寻找思想的灵感,获得一种精神实质,从而利用理论体系去分析、解决现实问题,实现它的当代价值。马克思主义作为党的指导思想,更需要专业从事学术研究的教师从理论层面进行研读,从思想层面进行阐释。用知识武装自己,打下思想功底,为社会的宣传教育奠定坚实基础。新时代马克思主义思想的发展总方向是正确的,但是在现实问题上仍存在一些争议。"我们是一个创造性发展的社会,很多问题都是书本上没有记载、实践中也没有发现的,是需要我们自己去进行探索、总结的。正因为如此,我们便需要用科学的理论、深邃的思想去解释这些现实问题,用实践去探索,从而释放出马克思主义中国化的阐释力。"

二、理论只有被群众掌握才能变成现实

博士期间,徐斌一直关注如何能把自己的研究领域与中国的现实问题相结合,于是对当代中国改革的人学分析从此开始。研究人学,就会涉及人的存在、发展、本质等问题,而人又是生活在一定的制度和社会关系之中的,因此徐斌的研究侧重点后来又转向制度哲学。基于前期扎实的学术功底和理论基础,最近几年,徐斌有了更清晰的学术把握,也更加看重社会服务。

"社会宣传教育是教师肩上承载的另一份职责。"在当代中国,领会和把握马克思主义问题不大,但是创造性发展是一个不小的挑战。马克思主义理论已经有了科学和深邃的理论,对其理论探索是大学教师毕生的工作。大学教师在学术研究基础上进行理论的阐释,将马克思主义大众化,效果往往是以一敌百。2018年,围绕"中国改革为什么能成功"的主题,

徐斌为国家行政学院、中国青年政治学院等国家机关进行相关讲座，暑假期间还为中央组织部录制了20个网络视频课程，已经在"共产党员网"上线，并被列为党员干部培训选修课程。《中国改革为什么能成功》也被中组部列为党员干部培训推进教材。徐斌认为，十九大精神也必须和当前社会的发展密切联系在一起。于是结合习近平新时代中国特色社会主义思想，徐斌还为银行、国企做相关理论宣讲。在校内，徐斌也没有停歇，先后为校工会、地理科学学部和马克思主义学院等做了"中国改革为什么能成功""中国改革的内在动力和运行规律"为主题的专题报告。

徐斌笃定马克思主义理论只有被群众掌握才能变成现实的力量，才能将习近平新时代中国特色社会主义思想变为改造社会、改变中国的理论，才能实现"中国梦"，实现"两个一百年"奋斗目标。"而这些又需要我们变成人民群众的力量，做理论到群众之间的有力桥梁。理论是抽象的，它要被人民所掌握、所理解、所认同，才能真正变成现实的力量，成为每一个人发挥改革动力的力量。"在徐斌看来，理论到日常生活是有过渡的，而宣传和教育就是承载、联络二者的"桥梁"，不管是思想的表达还是话语的传递，或是形式的选择，都应具备通达普通群众的能力。

三、"我想和学生们一起读书"

说到对于学生的要求，徐斌把处理好"读书"与"写作"的关系放在首位。他认为，读书可以加深思想的深度、拓宽学术的视野，而这个过程也是细水长流，需要点滴积累的。徐斌经常鼓励学生研读经典书籍，包括马克思、恩格斯著作，以及政治经济学著作等。在他看来，如果能通过读书打下坚实的学术基础，那么写作则水到渠成。

如此看重读书的徐斌，也把这种想法真正在教学生活中落地。"我主要是出于学术兴趣，想和学生们一起读书。"这是徐斌开办读书会的初衷。平日没有教学任务时，徐斌本可以闭门在家进行相关学术研究，但他还是坚持每两周开一次读书会，到学校和学生们一起分享知识、碰撞灵感。就这样，为了保障学生读书的质量和效率，并打下坚实的学术基础，徐斌自发组织学生进行读书会交流，书籍内容颇为广泛，主要围绕政治哲学，如柏拉图、亚里士多德，徐斌会引导学生一起探讨其主题、启示等。读书会平均一周到两周就会举办一次，每次推选一名学生作为主讲人进行学术交流，徐斌也会就自己多年研究经验对相关书籍及理论进行讲解、阐释。学习气氛的热烈让每次读书会的时长都能保证在3小时以上。徐斌坦言，"办读书会比上课累多了，但在读书交流的时候感觉时间过得很快。"

从第一次带自己的研究生办读书会，到现在不仅有北师大其他学院的师生积极参与，还吸引了如中央党校、北京语言大学等其他高校的学生、教师慕名前来学习。徐斌对此也很是欣慰，读书会作为一种开放、自由的学术交流形式，主动参与体现出大家积极为学的态度，因此他对大家的参与始终秉持欢迎的态度。

不积跬步，无以至千里；不积小流，无以成江海。所有量的积淀和努力最终都会得到质的飞跃。徐斌渐渐发现读书会的举办，不仅激发了学生的学术兴趣，还提升了他们的个人素养与综合能力。在徐斌的引导下，学生学术功底的进步一点一点地体现在他们所取得的突出成果上。其中徐斌的两名学生在攻读硕士期间就参加了"清华、北大、人大、北师大"四校马克思主义博士生论坛并获得一等奖，"双百"奖学金、国家奖学金、教育工作委员会征文等，他的每名学生也都至少能获得一项。除此之外，他还会带领他们在学生期间至少发表一篇C刊，培养的学生可谓成果丰硕。有不少学生也因此对学术研究产生了浓厚的兴趣，选择继续求学，受益匪浅。

在读书的过程中，徐斌也要求学生自己提出问题，寻找研究角度，并共同探讨研究的可行性。"这个过程很多学生进步很大，《中国改革为什么能成功》《中国特色社会主义制度的人学意蕴》和即将出版的《社会主义核心价值观培育与认同机制研究》《理性的选择》等一些著作，我都让学生参与到写作之中。"徐斌之所以毫无保留地为学生提供各种各样的机会，正是因为通过这些锻炼可以让学生的思考、提炼、概括能力得到提升，从而为学生未来的学术、科研之路奠定坚实基础。

徐斌的学生们也因此深深地感受到这份用心与责任。"从进入师门的那天起，徐老师的嘱咐和期望就成了鞭策我们前进的力量。徐老师不仅是学习上的导师，也是成长路上的引路人。入门以来，在师门的熏陶和写作的锻炼下，潜移默化地吸收了许多知识和技巧。每一次读书会的悉心点评，每一篇书稿的详细反馈，每一次疑惑的耐心解答，还有日常的关心与督促，一字一句都是激励和警醒，都是对我们学习和人生道路上的指引和修正。成为徐老师的学生，何其有幸，老师见证了我们的成长，而这些经历和收获也将成为宝贵的财富，支持我们继续前行。"徐斌指导的硕士生李夏洁这样评价道。博士生巩永丹也同样为能入徐门而庆幸、感慨，"自2014年起，我就跟从徐老师学习。在此期间，我深深感受到徐老师的博学强识和哲思学术。多年以来，导师讲授马列经典著作，研习马列人学，尤精制度哲学，其运思说理，清晰缜密；撰文论世，严谨求精；对待学生，亦师亦友。在学习期间，徐老师一直严格要求我们，通过每周一次的读书会带领我们阅读马克思主义经典著作，4年多来，收获满满。"也许能让自己的学生感到幸福也是作为一名教师最幸福的事情。

"教育学生，花费百分之五十的心血也可以，百分之九十也可以，但后者培养出来的学生的能力水平则完全不同，有责任感才能培养出高质量的学生。我希望自己的学生特别优秀，自然投入的精力也会变多。"徐斌秉持着这样的观念，以高度的责任感为学生构筑良好的学术环境与学习条件。

四、"将思政课落到实处"

在大学政治课中，"前面几排座位空缺"这一现象似乎已经成为大学生们约定俗成的一个"规则",思政课翘课、迟到等问题也呈现出日益严重的趋势。很多院校针对这一问题采取增加"上座率""前排不空缺"等措施,进行政治课的课堂规范,甚至认为是政治课"无聊""无趣"导致了学生喜爱度低的现象,于是呼吁教师增加课堂趣味性,打造"热闹"的课堂氛围,从而增加学生对老师与课程的喜爱。但是在徐斌看来,思政课之思想性的重要程度是远远大于其"热闹性"的,有趣却没有思想的课堂是无法达到真正的教育目标的。"我认为思想政治课的作用是引领思想、训练思维、传授知识、塑造人格。对于这样相对抽象的理论课程,一定要讲出其中的思想精髓,而不是追求表面的'热闹'。我们身为老师,就更要有责任感、使命感。"

秉持"去功利"的学术良心,为教育学生而讲好每一堂课,为传授知识而保证每一堂课的质量,就是他所坚持的学术良心。要想学生喜爱课程且成绩优异,就要进行分数与学生客体之间的哲学思考,只有主体与客体之间契合程度增加,学生对知识内容的兴趣提升,才能达到知识传授的预期效果。为了课堂气氛热闹、上座率高,却遗失了知识纯洁性,这样便是本末倒置。

寄语北师大:自2016年召开了全国高校思想政治工作会议以来,我们可以看到国家对于相关学科更加重视,学校也应紧跟马克思主义理论学科建设和思想政治工作的步伐,增强党的领导,为提升国家话语权和国家思想政治的影响力做出更大的贡献。

寄语青年学子:希望青年学子要有超越功利心的精神追求、超越动物属性的人的存在、超越现实的理想追求、超越做事的人格塑造。不断提升、转变自己的思维能力与思维方式,构建未来目标为自己提供前进动力,为了生活而不是生存努力,实现有价值、有意义的人生。

(文字:王娟、黄小雨、靳江楠)

熊晓琳：干一行，爱一行，精一行｜北师大故事

这是一个思政课教师的北师大故事

人物卡片：熊晓琳，经济学博士、教授，博士生导师。教育部高等学校思想政治理论课分教学指导委员会委员，《马克思主义基本原理概论》编写组主要成员，北京高校思想政治理论课名师工作室"熊晓琳新上岗教师研修培训工作室"主持人，首批北京高校思想政治理论课特级教授。主要从事马克思主义理论与当代中国经济问题研究，先后主持和参加了多个省部级课题，并在《马克思主义研究》《思想理论教育导刊》等核心期刊发表了多篇学术论文。

"只要你用心做了，干一行，爱一行，这样的职业就是有价值和有意义的。"

春风化雨，润物无声。在北师大的校园里，总有这样一群教师，他们心怀坚定信仰，深耕理论教材，创新教学方法，全情投入，严格律己，打造丰富多彩的思政课堂，甘愿做学生成长成才的引路人。北京师范大学马克思主义学院熊晓琳便是这样一位思政课教师。"今年是我毕业的第27个年头，也是我从事教书行业的第27个年头，可以说，我算是个地地道道的北师大土著居民了。"戏称自己是"北师大土著居民"的熊晓琳对学校有着深厚的感情，北师大良好的学风和踏实的品质不仅为她的人生增添了分

量，装点了色彩，更重要的是培养了她身上"干一行，爱一行"的教书育人情怀。

"我一直觉得自己是一个很幸运的人。"1992年熊晓琳从北师大经济学系毕业之后，便留在了学校教思政公共课。"其实当时很多人不理解我，为什么一个学经济的要去讲公共课，是不是没有出息啊？"面对众说纷纭的质疑声，熊晓琳这样回应道，"我当时也没有想那么多，学校需要我去做什么，我就去做什么，我一直坚信，不论你做什么事情，只要你用心做了，干一行，爱一行，这样的职业就是有意义的、有价值的。""干一行，爱一行"这也是她27年来做教师的基本信条和教书原则。正是这看似平凡的信条和原则，以及一直以来的坚持和努力，她为一批又一批的学生打造了有温度、有深度、有情怀的思政课堂。

27年磨一剑，熊晓琳在课堂上真正实现了教书与育人相结合的教学理念。提起思想政治理论课，大家想到的肯定都是教材上讲的一些生硬枯燥的理论。然而，学生面对的是活生生的现实，如何将二者打通，真正打造一堂好课，这对于很多思政课教师来说是一个"怵头"的问题。熊晓琳却认为："一堂好的思政课应该做到配方科学、工艺精湛、包装时尚。它的内容得是有深度的，有含金量的。同时它的呈现形式应该是新颖的，符合学生的接受特点。"因此，在熊晓琳的课上从来不缺乏有趣和新颖。

要给学生一杯水，教师就要有一桶水。每上一堂课之前，熊晓琳都会阅读大量书籍，观看大量新闻素材。她经常讲："教师必须对相关知识有透彻了解，对这些知识的历史背景、现实要求和内在逻辑有准确的把握，最终才能达到自己活学活用、应用自如的水平。"因此，她的课不仅有着深刻的理论阐释，也有丰富的现实关联，举例推导常常信手拈来。为了激发学生学习的热情和积极性，促使学生更加深刻地理解思政课，熊晓琳还努力提高学生在课堂上的参与度。她常常把学生请上讲台，让学生就本周热点话题进行分组讨论、主题发言，以幻灯片、音视频甚至是辩论赛或小品的形式分享展示。在分享结束后，她会引导大家对于分享内容进行点评，对正确的观点给予肯定，对不当的观点予以疏导。同时，熊晓琳还会经常做一些课堂小调查，大到国家时事，小到同学们的心理动态，既有关于课堂的教学建议，也有关于人生发展的畅想。学生们不禁慨叹："原来思政课也可以这么生动！"

熊晓琳还常讲道："教师在给学生传授知识的同时，还要给予学生尽可能多的人文关怀。"对于每个学生，她都放在心上，希望他们在汲取知识营养的同时，扣好人生的扣子，把人生之路走好。她的课间，从不"留白"。课间，熊晓琳用一张张精美的幻灯片，一个个生动有趣的视频，向学生们浇灌心灵鸡汤：《世界名校之旅》鼓励孩子们继续深造；《年迈父母的话》提醒学生们要学会感恩父母；《木匠的房子》告诉学生们做事要认真……这样的"课间甜点"熊晓琳足足做了100多个。

熊晓琳最喜欢的一个词是"亦师亦友"。她认为作为一名老师，把课教好固然重要，但与此同时和同学们的交流也绝对不可忽视。"大学生活中，学生们不可避免地会被各种学习、生活、就业问题所困扰，这时，熊晓琳都会非常关心学生，给予他们必要的引导、指点、帮助。"马克思主义学院硕士研究生李国庆说道，"每当开始一门新课前，熊晓琳老师都会把自己所有联系方式包括私人手机号告诉同学们，并告诉大家，她既是大家的老师，更是大家的朋友，在学习和生活中遇到问题，欢迎和她联系沟通。通过这种方式，师生距离一下子就拉近了。"

在熊晓琳27年的教学生涯中，她一直用"干一行，爱一行"的信念诠释着教师这个职业的神圣与责任，先后被学生们评为"最受本科生欢迎的十佳教师""最受研究生欢迎的十佳教师"，并获得"北京市师德标兵"称号。

耳朵动起来，歌曲唱起来，爱国在我心

"打倒军阀，打倒军阀，除列强，除列强……"在熊晓琳的课堂上，思政课充满了歌声与旋律，这种把音乐舞蹈素材运用于教学中的方法正是熊晓琳讲思政课的一大特色。"《音乐作品中的家国情怀》这门课是用红色音乐和舞蹈串联出整个中国革命史、建设史和改革开放史。老师会带领同学们深入理解歌曲的创作背景、歌词内容，悠久而零碎的历史便会像一首旋律一样串了起来。让同学们觉得听课成为一种愉悦的享受。"一位学生说道。

让同学们觉得听课是一种愉悦的享受，这大概就是熊晓琳的人格魅力所在。熊晓琳认为，音乐作品往往拥有鲜活的创作背景，能触发人的情感，激发学生的爱国情怀。《北方吹来十月的风》代表了"十月革命一声炮响送来了马克思主义"；《工友歌》描述了波澜壮阔的工人运动；《就义歌》呈现了白色恐怖背景下中国共产党人的英勇气概；《冷的铁锁热的血》歌颂了伟大长征；《我的要求不算高》引出中国梦的建设……她的资料库里积累了500多首歌曲，每一个重要的历史节点都能巧妙地对应和结合。在一首首歌曲和一段段舞蹈当中，她将中国共产党的革命史、建设史、改革史鲜活地呈现在学生面前，使得枯燥无味的思政课瞬间变得"生动""有趣""接地气"。"我觉得讲课是她的信仰，讲好课是她的信念，我如果要成为思政课老师的话，我愿意以她为榜样。"熊晓琳的一位学生说道。

教育是一份仁而爱人的事业，思政课教师要给学生心灵埋下真善美的种子，引导学生扣好人生第一粒扣子，责任重大、使命光荣。从教27年以来，熊晓琳一直在琢磨怎么才能够上好思政课，真正让思政课接地气，能够让它入耳、入脑、入心。"我是60后，而我们的学生大部分是00后，我们的观念、我们的思维方式很多东西是不一样的，我们不可能让学生变老，那我们就让自己变年轻。"熊晓琳在课上课下不断探索创新授课方式，真正做到了把高深枯燥的理论通过艺术的形式深入浅出地穿插到课堂的上上下下，里里外外，充分利用了课堂的每一分钟，让同学们收获满满。同时，熊晓琳以科研成果不断提升教学水平，她组织编写了全国第一套思想政治理论课系列教案，全国第一套涵盖本科、硕士、博士三个阶段思想政治理论课的教学用书。早在 2008 年，熊晓琳主讲的《毛泽东思想和中国特色社会主义理论体系概论》就被评为国家精品课，并先后获得"北京市教育创新标兵""国家教育教学成果二等奖"等荣誉。

熊晓琳牌"黄埔军校"

办好思想政治理论课关键在教师。为了让青年教师们少走弯路，开启他们的思政教育事业，熊晓琳还培养了一批又一批的"青椒"。2012 年，自熊晓琳工作室入选首批"北京市名师工作室"后，她正式承担起了每年北京市思政课新上岗教师的培训任务。2019 年，熊晓琳又受教育部委托承担起培训全国思政课新上岗教师的重任。从北京市到全国，熊晓琳名师工作室培养了一批又一批的优秀青年教师。同时，熊晓琳名师工作室也被学员们亲切地称为思政课的"黄埔军校"。

为了把培训做出特色、达到预期效果，熊晓琳经过反复论证，规划了思想政治理论素质、思政课建设和师德教育、科研基础能力训练、教学法和基本技能、异地教学五大模块内容。培训每年 1 期，每期 1 个月。在这一个月里，熊晓琳和学员同吃同住，建立起了互帮互助的温馨氛围。

经过几年的摸索，熊晓琳工作室构建了三级培训体系，发挥了北师大的示范引领作用，成为思政教学领域的一大品牌。一是新入职教师培训，精准设计，"领进家门，扶上马，送一程"，助力青年教师职业生涯的扬帆起航；二是青年教师发展论坛，量身定做，为青年教师提供定期"加油站"；三是通过"北京思想青年"微信公众平台，构建青年教师培训"空中课堂"，落户"云端"，指导不间断。长期以来，熊晓琳名师工作室始终坚守"精准设计、量身定做、用心用情、坚持不懈"的教书育人理念，辐射了北京市乃至全国的思想政治理论课建设。

截止到 2019 年，熊晓琳名师工作室已经成功举办 7 期，培训了新入职教师 500 多名，学员满意率为 100%，受到各方面好评，被称为培育北京思政课教师的"黄埔军校"。目前,"黄埔一期""黄埔二期""黄埔三期""黄埔四期""黄埔五期""黄埔六期""黄埔七期"的学员正在成长为北京高校思政课的骨干教师。"把大家的正能量积聚起来,并通过正确且专业的方式放大和传递开来,让更多的青年思政教师走得更远,这就是我和我的工作室想做和正在做的事情。"谈起未来,熊晓琳信心满满,充满期待。

"四有"好老师重要讲话5周年,我有话说:办好思想政治理论课关键在教师。思想政治理论课教师责任重大、使命光荣。落实好习近平总书记在学校思想政治理论课教师座谈会上的重要讲话精神,广大思想政治理论课教师要做到"六个要":政治要强、情怀要深、思维要新、视野要广、自律要严、人格要正。"政治要强、情怀要深"要求思想政治教师素质层次要高;"思维要新、视野要广"要求业务能力强,知识面广,教学方法与教学理念要与时俱进;"自律要严、人格要正"要求教师要有个人品德修为和人格魅力。思想政治理论课是个大舞台,我们要将其作为毕生追求,把所讲理论内化于心、外化于行,不仅言传,更要身教,自觉做为学为人的表率!

新中国成立70周年,我有话说:70年前,正是在中国共产党的带领下才有了新中国的成立,才有了中国现在的光辉成就,毋庸置疑,70年里中国共产党带领人民群众披荆斩棘,实现了站起来、富起来、强起来的伟大转折。今天,我们是中国梦的见证者、亲历者、享受者,更是奉献者。我们每一个人都要不忘初心、牢记使命,坚守工作岗位,为祖国的发展贡献一己之力!

寄语青年学子:祝贺大家成为北师大的一员,预祝大家在历史悠久、文化底蕴深厚的百年老校里,茁壮成长,成为一个对社会对民族对国家有用的人!

(文字:王娟、李倩)

章伟文：秋水无痕，上善若水 | 北师大故事

这是一个教学名师的北师大故事

人物卡片：章伟文，历史学博士、哲学博士后，北京师范大学哲学学院、哲学思维与发展战略研究中心、价值与文化研究中心教授，中国哲学与文化研究所所长，博士生导师，主要研究方向为中国传统哲学中的易学哲学、历史哲学、道家哲学、价值哲学，主讲课程：中国哲学专题、中国现当代哲学、中国政治思想史、周易哲学等。先后主持国家社会科学基金项目"道教易学研究"、北京市哲学社会科学规划重点项目"中国哲学历史观研究"，参与国家社会科学基金重大项目"中国传统价值观变迁史"的研究。出版学术专著主要有《宋元道教易学初探》（巴蜀书社2005年版）、《全真学案：郝大通学案》（齐鲁书社2010年版）、《易学历史哲学研究》（中国社会科学出版社2012年版）、《中华经典名著全本全注全译丛书：周易参同契》（中华书局2014年版）、《社会主义核心价值观·关键词：和谐》（中英文版，中国人民大学出版社2015年版）、《全真学案：钟离权学案》（齐鲁书社2018年版）、《中国传统价值观及其当代转换》（学习出版社2018年版）等；在《世界宗教研究》《周易研究》《中国哲学史》《中国宗教》、CONTEMPORARY CHINESE THOUGHT 发表学术论文80余篇。

温文尔雅、待人谦和是章伟文留给我们的第一印象。在修葺一新的办公室里，记者采访到了荣获第十五届北京师范大学教学名师奖的章伟文。言谈间，他风趣幽默、富有逻辑，向我们娓娓道来与历史哲学、易学、道教等领域结缘的故事。和许多北师大教师有着同样的经历，章伟文曾担任中学教师长达5年，这段经历对章伟文后来能站好北师大讲台有着很大的帮助。不过，为人谦和的章伟文将他的教学成绩归功为学生们的启发、帮助。

一、"教学相长：我的成绩离不开学生给予的启发、帮助"

2006年章伟文从哲学学院博士后出站后留校成为一名北师大的青年教师。在北师大讲台上上课，对章伟文而言既熟悉又陌生。一贯要求认真工作的他，在教学中下了不少功夫。无论寒暑，他始终坚守在教学一线，迎艰克难。稳步成长、站稳讲台之余，他也收获了一些"小成绩"：北京师范大学青年教师基本功大赛文科组一等奖、北京师范大学本科教学优秀奖、北京师范大学最受本科生欢迎的十佳优秀教师、北京师范大学教学名师奖，科研成果也先后获北京市第十五届哲学社会科学优秀成果奖一等奖等。2008年获得的北京师范大学青年教师基本功大赛文科组一等奖，还是哲学学院首次获得的教学一等奖。

当被问及取得成绩的原因时，章伟文谦虚地说："学生对教学的热忱和支持是鼓励教师做好教学工作的重要动力，北师大的学生体现了名牌高校学生的素养。来到北师大工作，我感受到了北师大作为百年老校的风采，也感受到了北师大学生的优秀素养，自己教学工作取得的成绩除了自身努力之外，与学生的启发、理解和支持有很大关系！"作为一名科研教师，他深知，只有不断地学习，提高自身素质和能力，才能适应新时期大学生成长、成才的需要，才能担任起学生成长道路上的引路人重任。

二、站稳讲台，上好每一堂课

亲其师，方能信其道、乐其道。"我就是一个普通的老师，上好课是天经地义的事。"在课堂中的他不似平时沉默寡言，而是风趣幽默，循序渐进、方法得当地把看似枯燥、艰涩难懂的易学语言变得鲜活生动，把学生们口中"最难懂""最枯燥"的易学课程上成了学生们最喜欢的课。

"授人以鱼不如授人以渔"，这是章伟文在多年教学过程中一直秉承的教学原则；"开拓思维，以学生为教学主体"，这是章伟文一直坚守的教学理念。在日常的教学活动中，章伟文根据哲学学科学习的本质要求，经常采取讨论式教学，带领同学们认真解读晦涩难懂的哲学语言。章伟文在讲课过程中经常引经据典、旁征博引，同时用简单、易懂的方式讲解深奥的哲学知识，以使学生们对哲学知识以及中国传统文化有新的理解和认识。在解读"屯卦"时，不仅讲出了"九五爻"与"六二爻"凄美的爱情故事，也讲出了"初九爻"建侯的坚守；在解读"咸卦"时，不仅讲出少男与少女如何以忠贞之真情相感，也讲出了商家应当如何对待顾客。另外，由于每个人的知识、视角不同，学生们发现有些观点与自己的观点不谋而合，而有的观点则是自己从未想到的，故章伟文一直鼓励学生们大胆发声，"自圆其说"。在他的课上，从来不缺乏思想的碰撞！

"师者仁心，传道授业解惑"，在章伟文这里都得到了呈现。章伟文的学生对他评价非常高。

"章老师是一位可爱又有亲和力的老师，无论是在课上还是课下，他都带着那副标志性的笑容。无论何时何地，我们用什么样的问题去问他，去麻烦他，他都会耐心、细心、精心地给我们解答。"

"他是一位很有气质的老师。在他的身上我们可以看到独立自由的精神和开放包容的气度。在他身边能够感受到自然和谐的感觉。他的教学水平非常高，能够把平时非常深奥难懂的哲学问题解释得非常生动有趣又幽默。"

春风化雨的师者风范，身正为范的人格魅力，章伟文总能够给学生无声的精神浸润和价值引领。在教学过程中，他始终坚持工作在教学与科研第一线，以饱满的教学热情、认真负责的精神以及传道授业解惑的职业操守，承担着自本科至博士研究生的教学工作。在与学生相处中，他总是以亲切的态度、幽默的语言、丰富的人生经历给学生们带来满满的正能量。很多章伟文的学生后来都将他作为自己亦师亦友的人生导师。

章伟文时常这样鞭策自己："当教师最重要的使命就是教书和育人。我相信通过我的努力，不仅让自己学有所获，更重要的是向学生传播一些东西，包括知识结构、学习方法、学术热情等，帮助他们树立正确的世界观、人生观、价值观，将来成为对社会有用的人才。"

三、立德树人，用好科研育英才

任教13年来，章伟文始终潜心立德树人，牢记"学为人师、行为世范"的校训，恪尽职守、辛勤工作，培养了一批又一批的优秀学子。

在章伟文看来，科研始终是教学的基础。没有学问，好的教学无从谈起。作为一名教授哲学课程的科研教师，章伟文始终以潜心钻研、埋头苦干的工作态度和坚韧不拔、持之以恒的工作作风踏实走好科研道路上的每一步。2010至2011年，"中国政治思想史"课程获北京师范大学优秀基础课程项目立项。2014年，章伟文主持的"中国哲学历史观研究"课题获北京市哲学社会科学规划重点立项项目。

在提升自己科研素养的同时，章伟文还引导学生用愉悦的心情欣赏哲学，以探秘的好学精神钻研哲学，以学以致用的科研精神运用哲学。为此，章伟文多次通过撰写学术小论文的方式增强学生对哲学的认知能力，提升学生的科研素养。章伟文会通过定期开展学术研讨会的方式把本硕博学生全部聚集起来，分享自己的学术小论文。针对本硕博学生自身的特点及研究方向，他会事前布置相应的论文题目。在撰写论文过程中，他尤为注意摘录工作的重要性，"在摘录的过程中，学生要把所看书的书名、作者、出版时间、出版社、页码等标记清楚，等以后写论文的时候就可以直接拿来用，既方便又省时。"他还要求学生在研讨时讲明摘录这段话的原因，写明自己的感想体会。他也会时常鼓励同学们要勤于思考，敢于发现错误，敢于提出疑问。通过撰写小论文的形式，章伟文一方面锻炼了学生的写作能力、阅读能力、思考能力，另一方面也加强了本硕博不同学生群体之间的沟通和交流，更加激发了学生们对哲学探索的热情和信心。

为更好地激发学生们的学习思维能力，章伟文对学校的助教制度也进行了思考创新。在章伟文看来，助教是教师与同学之间的桥梁和纽带，通过创新助教制度来激发学生的学习能力更加有利于学生的成长成才。"就拿学校的成绩考核制度来说，以前考核方式单纯局限于平时作业、期末考试等太过于传统的方式。可以尝试通过助教组织学生进行兴趣学习小组分组，以兴趣学习小组为单位针对每组的特点来布置作业，课后每个小组形成对问题思考的大纲，然后最终形成汇报的 PPT。课上每个小组分享自己的研究成果，在这个过程中，助教就发挥了组织引导的大作用。"章伟文一直强调，培养学生的科研能力十分重要，这种助教制度不仅锻炼了担任助教同学的组织领导能力，同时也锻炼了学生们的交流表达能力和团队合作意识。

三尺讲台，诉不尽殷殷之情；四季晴雨，道不完拳拳之心。倾情学术，站稳讲台，简简单单的几个字，想要做好却并不容易。无论是在科研一线中的探索，还是在小小讲台上的耕耘，都体现了章伟文有温度、有深度的师德情怀。在教书育人的道路上，章伟文将会更加孜孜不倦，继续抒写更加美丽的北师大故事！

"四有"好老师重要讲话发表 5 周年，我有话说：在我看来，每一个职业，都有自己职业的准则，教师这个职业同样也有教师的职业准则，

"四有"好老师就是教师行业的一种职业准则。"四有"既是教师理想和追求的目标，同时也是对教师提出的新要求。怎样算是合格的老师？在我看来，有理想信念、有道德情操、有扎实学识、有仁爱之心就是衡量的标准。"四有"不是完成时，而是进行时。对照"四有"好老师的标准，我还有很长的路要走，在未来的教学中有很多需要进一步改善的地方。这对于自己来说是一个很大的鞭策，也是我以后想要努力的方向。

新中国成立70周年，我有话说：作为一名60后，我是见证新中国成长历程的一分子。在成长的过程中我也见证了国家的强大、国家的富裕。我是从心底里为国家感到自豪的，也切身体会到了国家在向更好的方向迈进。可以说，我们既是社会主义国家的建设者，也是社会主义国家建设成果的享受者。

青年学子，我要对你们说：北师大作为一所百年老校，为莘莘学子提供了很多的优秀平台。同学们在享受学校提供这些优秀资源的同时，也要为学校的建设添砖加瓦。希望同学们能够珍惜机会，努力学习，学有所长，把国家、社会、学校建设得更好。

（文字：王娟、李倩）

胡帅：梦想的路上我一直在奔跑｜北师大故事

这是一位心怀赤子之心的追梦者的北师大故事

人物卡片：胡帅，著名创作音乐人、笛箫演奏家。舞台与影视音乐方向博士，中国音乐家协会会员，北京师范大学艺术与传媒学院教师、硕士研究生导师，北京笛子文化发展协会副会长，毕业于中央音乐学院，是学院特别保送的研究生，曾荣获中国政府最高奖"文华奖"个人专业组金奖，2017年度"国家艺术基金"，中宣部、文化部、广电总局第三批"中国梦"优秀作品奖，中国音乐家协会优秀作品奖，"北京国际竹笛大赛"专业组金奖，北京宣传部"歌唱北京"优秀作品奖"中华艺术"全国总决赛金奖等。

"落花无言，人淡如菊。"于琴房初见胡帅老师，脑海中便幽幽地冒出司空图《诗品·典雅》中的这句诗。典雅的钢琴，整齐的笛箫，透着香的茶具，走廊里的音乐声，还有胡老师满身的柔光，都让我沉溺于音符悦动的优雅之中。

胡老师是享受音乐的艺术家，是饱含深情的创作者，是深爱着学生的老师，也是心怀赤子之心的追梦者。

创作永远是我艺术生涯的惊喜

前不久，由北京市委宣传部主办、北京广播电视台承办的"歌唱北京"活动主竞赛单元歌曲评选工作圆满结束，由我校宣传部推选的歌曲《北京，我的爱》是唯一一首代表北京市教工委、北京高校，在数千件作品当中脱颖而出，获得大奖的作品。这首歌就是我校艺术与传媒学院胡老师作曲和制作的，凝聚了胡老师对于北京这座城市深沉的爱。

胡老师说："接到学校党委宣传部这次的创作任务时心里很激动，也很荣幸，能够代表北师大参选是一件令人愉悦的事情，更何况还是在歌颂对北京的爱。"这是一个创作者对于创作所保有的惊喜感，也是一位北师大人对于学校的归属感。

《北京，我的爱》这首歌的词作者是著名的词作家陈道斌先生。胡老师坦言，陈道斌先生是他自己十分敬佩和喜爱的词作家，在这次《北京，我的爱》的创作过程中，两个人的合作非常默契、非常愉快，碰撞出了很多音乐上的火花。而事实上，陈老师和胡老师也是多年来的老搭档，曾合作过《记住乡愁》和《迎着飘扬的旗帜》等多部获得中宣部、文化部（现在是文化和旅游部）、广电总局、中国音乐家协会奖项的优秀作品。

创作对于一个艺术工作者来说无疑是十分重要的，就像胡老师所说："我的作品就像是我的孩子一样，每一部作品都有不一样的音乐表达，但是所有我写出来和大家见到面的作品都是我的宝贝。"

回看胡老师近年来的创作生涯，有太多的作品被胡老师当作孩子一样呵护着，被观众当作珍宝一样喜爱着，耳熟能详的作品有《记住乡愁》《为梦领航》《好男儿志在四方》《天涯》《秋》《念》《上》等。除了这些，胡老师还担任众多戏剧与影视剧的音乐总监，如《如梦之梦》《犹太城》《北京人》《恋爱排班表》等，还有最近正在热播的《重耳传奇》。

舞台剧《如梦之梦》是21世纪初期华人剧场最受瞩目的话剧之一，是著名导演赖声川20多年来最大胆的突破，而胡老师则是这部剧的音乐总监。胡老师很珍惜这段经历，觉得在这段经历中收获满满。胡老师说："《如梦之梦》的创作过程很愉快，和导演、演员的合作都很默契，6年来这个作品在舞台上始终光鲜耀眼，我们每位参与者都好像家人一般了。导演赖声川和服装造型老师叶锦添都是享誉世界的华人翘楚，许晴、胡歌、金士杰等也都是我既尊敬又喜爱的演员，所以在和他们的合作中我能深切地感受到艺术创作的美好。其实在实践创作中的合作对象很多我都视为自己的老师，因为每次深度的合作中都会影响到我接下来的创作，像赖声川先生就是我的恩师，虽然我们不是完全一样的学科背景，但是他的艺术创作观念直接或间接地影响到了我的创作。"

二度创作带给我 1+1>2 的喜悦

其实胡老师不仅是一位优秀的作曲家和音乐制作人，也是一位优秀的笛箫演奏家。胡老师出生在一个音乐氛围浓厚的家庭，他自幼喜欢音乐，随父亲学习，母亲也全力支持他的音乐道路。胡老师12岁考入中国音乐学院附中，18岁考入中央音乐学院后又被推免研究生，工作后又读了舞台与影视音乐方向的博士。"我非常感恩我在学习当中遇到的每一位恩师，他们教会我很多本领，更重要的是，让我懂得如何做人做事，以一颗善良的心来面对万物。"

在谈及作曲与演奏时，胡老师的眼睛里总能透出光亮。"创作和演奏看似分离，但当这两项融合时，是很特别的。我们说作曲其实是一度创作，而演奏是二度创作，当一度创作和二度创作结合带给你的感受是1+1>2的喜悦时，它完全不同于单纯的作曲或是演奏。"

其实在实际的音乐创作中胡老师也是这么做的，2016年4月由北京环球音像出版社正式出版发行的专辑《笛乐新纪元》就是胡老师笛子创作的全新演奏专辑，这部专辑收录了《梦》《上》《合》《竹春》《暮光》《缘》6个作品，整部专辑全方位地展现了胡老师创作音乐人和笛箫演奏家的双重身份之下的艺术光芒。

我想和学生一起善良地面对这个世界

胡老师是一位天才音乐家，他对于音乐的喜爱和热情也是无比深沉的。但是在选择职业时胡老师并没有选择只是做一位音乐家,而是来到了北京师范大学艺术与传媒学院任教,对此胡老师解释道:"成为一名老师其实是我一直以来的一个梦想,我觉得教师这个职业充满光辉,我对于教师职业的向往让我来到了百年名校北京师范大学。从另一个角度来说,其实每一个艺术家的艺术生涯都是需要在不断的学习中进行的,选择教师事业是让我能够不断学习的最好方式。因为平时的教学与科研工作为我的创作和演奏提供了一个很好的反思、学习的机会,它会让我始终保持发现问题和解决问题的状态,这过程会不断地建立和优化自己的艺术美学观。"

爱尔兰著名诗人威廉·叶芝(William Butler Yeats)曾经说过:"教育不是注满一桶水,而是点燃一把火。"这和胡老师的教育理念不谋而合,胡老师对于教育怀抱着诚挚的热忱,想为每一位学生燃起音乐道路的热情之火,胡老师想告诉那些刚刚开启音乐道路的学生们千万不能忘了自己的初心。"我想告诉学生,在任何情况下都不要被任何人和事所影响以至于忘了自己学音乐的初心。我很小就开始学音乐,5岁接触乐器,爸爸很严苛,从小到大我几乎没有过假期的概念。学艺是一件很痛苦、很孤独的事情,但是挺过孤独就会迎来绽放。"

"学为人师,行为世范",教育不止于学识,这是我们北京师范大学一贯的教风。胡老师自然也是秉承着这样的信念,想教会学生更好地面对艺术,以及面对艺术背后的这个世界。"我特别想告诉学生的是,一定要善良地面对这个世界。教而化之,我希望他们能学到知识,要将更多的美传递给更多的人。"

教育从来不是单向的传递,"教学相长",在教育的过程中学生们也反向带给胡老师很多。"我的学生带给我最宝贵的东西就是让我不断思考。教学中遇到的学生问题让我不断改善自己舞台和创作处理,让我在不断思考和解决问题中得到进步。我的学生目前都是00后起步了,00后更善于表达自己的想法,我认为活跃的思维特别好,很有趣,它也影响我的创作和思考，所以一定不要扼杀学生天马行空的想法，这也是我在学院前几天的会上听到其他老师说过的话，我觉得特别对。"

在《如梦之梦》的创作过程中，胡老师被评论为——除了在豪华的演员阵容外，拥有赖声川导演、叶锦添等世界一流艺术家的《如梦之梦》核心创作团队中，有一位值得被载入史册的最年轻的优秀音乐总监。

如此高的业内评价是很多青年音乐人难以企及的，在某种程度上说，胡老师是天才的也是幸运的。而胡老师对于梦想的阐述和定义也很令人动容。"未完成的梦想？实现梦想的路上我一直在奔跑，我始终正在完成我的梦想。作为青年教师，我还是很有活力的，我对于创作和教学充满热情，在百年名校北京师范大学的氛围之下，我会不断提高，为祖国培养更多的优秀人才，为时代创作和高歌。"

"为祖国培养更多的优秀人才，为时代创作和高歌。"我们看到了一位艺术工作者的时代担当，也看到了一位教育工作者的心胸和格局。我们真切地祝愿胡老师能够永远饱含热情地爱着音乐、爱着学生，永远都能够从容地告诉所有人——"我始终正在实现我的梦想"。

（文字：李美仙、黄志尧）

刘凯：在伟大的时代里追求梦想 | 北师大故事

这是一个科研学者努力做好教学、争做"四有"好老师的北师大故事

人物卡片：刘凯，工学博士，北京师范大学地理科学学部减灾与应急管理研究院副教授、博士生导师。专注于公共安全与基础设施自然灾害风险评估研究，主持国家自然科学基金3项、北京自然科学基金1项。获得北京市自然科学基金优秀青年人才、尼泊尔国家政府嘉奖等奖励。荣获第十六届北京师范大学青年教师教学基本功比赛研究生教学理工科组一等奖、最佳教案奖和最受学生欢迎奖，北京市第十一届青年教师教学基本功比赛理科组最受学生欢迎奖和最佳现场演示奖。

忙完开学第一周的工作，刘凯如约与我们会面。温柔的笑容挂在她的脸上，刘凯热情、开朗的性格在交谈不久后就留给我们深刻的印象。也许是多年的辅导员工作习惯，她为我们提前准备好了水和巧克力，营造了一个温馨舒适的交流氛围和环境。和我们想象的一样，作为北师大的一名青年教师，她身上有着探索真理的认真劲儿和奋斗劲儿。不一样的是，她多年求学海外，在北师大工作的短短5年里，对北师大的热爱竟是如此热烈。

2014年1月，刘凯从比利时鲁汶大学博士后工作结束后，正式入职北师大。因为是2014年第一个入职的，所以她的教工号尾号是2014001。谈起这个工号，刘凯向我们开心地笑起来。"2014年，我当上了一名教师。

而正是这一年，习近平总书记来到北师大，号召我们要做'四有'好老师。感觉自己一下子有了做一位好老师的标杆。"初入职时教书育人的热烈愿望与国家对好老师的引导期望一经碰撞便直冲人心，成为刘凯在教学路上的核心指引。

一、"学了知识就要报效祖国"

回想自己的成长之路，刘凯说在清华大学读书时，有幸接受过陈肇元院士的指导。"当时我在清华的时候，陈肇元院士70多岁的高龄依然奋斗在科研一线，脚踏布鞋，衣着朴素，到处奔走。我第一次见到陈院士就深深地被老一辈科学家的这种精神所感动，后来我出国读博士的推荐信也是陈肇元院士写的，可以说是毫无保留地培养年轻人。同时他还嘱托我学成要回国，这句话我一直牢记在心里，觉得学了知识就要报效祖国，要为国家的发展做出自己的努力。"陈肇元院士这样一位把自己一生的科学研究和国家的迫切需求结合在一起的老师，让刘凯自己任教后，不断反思应该为谁培养人的问题。只有我们的国家有了一批又一批的好老师，才能够培养出一代又一代合格而优秀的接班人。这是作为一名老师的初心使命，作为一名老师的理想信念，也即要为国家培养可靠的接班人和合格的劳动者，培养同样的具有高尚理想信念的人。三尺讲台上，刘凯始终坚守为谁培养人、培养什么样的人的使命与信念；昨日时光漫漫，刘凯亦从成长路上遇到的高正良师身上感悟到理想信念的价值作用。

曾经如何感悟，现时如何坚守，理想信念不惧时光，代代传承，并为广大学生补足精神之钙，引导他们树立远大理想，将个人发展融入民族复兴的时代进程。

二、"觉得自己做的东西真的对国家和社会有用"

谈到入职以来的工作经历，刘凯首先提及的不是辉煌的工作业绩，而是一连串的朴素感恩,这着实出乎我们的预料。从北京师范大学完善的辅导员新教师培训体系,到地理科学学部和减灾与应急管理研究院为其提供的优越发展机会与成长平台,再到同事师长无私的提携与帮助,她温柔的语气中透露出浓浓的谦和与真诚。至于自己的科研工作,刘凯重点提到的则是"有用"。"入职5年来我参与了国家很多大的项目,如果说有一些印象比较深刻的事情,那就是觉得自己做的东西真的对国家和社会有用。"现在的刘凯在减灾院与技术团队一起承担国家第一次灾害综合风险普查工作,就像人口经济普查一样,摸清楚全国各种灾害的风险底数,最大限度减轻灾害对人民生命财产的威胁。"在这样的事业中能把科研工作和国家的需求结合在一起,就觉得很有意义。"

"有用"的事情很多,不只国内,还翻山越岭,花开世界。2015年尼泊尔发生7.8级地震,灾后重建工作因为经济技术的落后而陷入困境。彼时尼泊尔的国家地震协会委托刘凯所在的团队为其提供一套灾后恢复重建的技术,对当地传统的民居住宅进行有针对性的恢复重建,并提高其抗震能力。团队针对尼泊尔4.25地震中大量倒塌的农村石砌体房屋,提出了一系列抗震加固技术,最终该加固技术被尼泊尔政府采用,并开始在数十万间石砌房屋的恢复重建中推广使用。团队也因此获得了尼泊尔国家政府的嘉奖。但刘凯并未只为获奖高兴,而是着重表示,"尼泊尔是'一带一路'上一个非常重要的国家,通过这些事情给当地的人民,包括为我们国家的科技知识输出做出了一些贡献,对此我觉得很有成就感。"

对于那些"有用"的事,刘凯都积极去做、尽力去完成,一方面是因为其确实能助力于国家的实际建设;另一方面是因为这份坚持本身就带有着以身作则的教育意味。"学为人师,行为世范",这是我们熟知的校训,也是刘凯认为的老师必备的道德素质。她指出,作为老师只有端正自己的一言一行,才能成为学生的榜样,学生也才能有目标、有方向,进而在一些方面积极努力培养出良好的道德情操。正是秉承这样的观点,刘凯率先垂范，大到对于国家建设的积极参与，小到对于本职工作的尽职尽责，其用实际行动影响学生去培养正确的品德追求和行为观念。这是一门无声却最有力量的课程。

三、"要给学生一碗水，自己得有一盆水"

刘凯是一名科研学者，也是一名老师，入职之初从科研向教学的延展也曾给她带来不适应。"因为之前无论是博士还是博士后期间，都以科研为主，所以刚入职北师大时对教学没有特别多的概念。"所以上课会觉得紧张，紧张之中也有一种一定要把课上好的责任感，因此刘凯采用"笨办法"，在备课上下大功夫，有时候两小时的课要花两天的时间准备。这更让刘凯体会到教与学是知识的通达过程，只有自己对知识有深入的理解才能够上好课，"要给学生一碗水，自己得有一盆水"，刘凯形象地比喻道。

为了积蓄自己这"一盆水"，自己正式上讲台之前的2013—2014春季学期，刘凯认真观摩了其学科团队中汪明老师的《结构工程基础》的课程授课，并参与部分课程、案例的讲授。汪明老师曾获北京市青年教师基本功比赛一等奖，其讲课思路清晰、幽默风趣，刘凯觉得观摩过程受益匪浅，学习了很多授课的经验以及与学生互动的技巧。经过一年的细心筹备，刘凯自2014—2015春季学期起开始正式讲授《防灾减灾工程学导论》这门课程。从第一堂课的战战兢兢、如履薄冰，到现在的从容应对，背后付出了艰辛的努力。怀着对三尺讲台的敬畏，每节课程从教学内容的设计，到教学课件的制作，一点点琢磨，一点点改进，刘凯写下了厚厚的手写教案。这是刘凯教学知识精进的过程，也为其参加第十六届北京师范大学青年教师教学基本功比赛并获得研究生教学理工科组一等奖、最佳教案奖和最受学生欢迎奖打下了坚实的基础。刘凯表示："青教赛取得了好的成绩，但教学永无止境。备赛的过程中，深刻体会到了只要付出足够的时间，就能极大地提升教学效果。在这个过程中，我还得到了王静爱老师、汪明老师、李芒老师、葛岳静老师、李宁老师、刘慧平老师等学校教学名师的悉心指导，他们对教学永无止境的追求激励着我在教学的道路上继续努力，用心上好一门课，为学生，也为教师这一份神圣职业的职业操守。"教学有了长足进步，但不意味着科研的水平会逐渐退化。事实上，刘凯认为科研和教学是相辅相成的，只有做好了科研，了解到了最新的科学前沿，才能够在课堂上以先进知识启发学生的创新思维。"做好了科研不一定能够成为一个好老师，但这是一个必要的条件，只有做好了科研才能够把课上得更好。"

如是说，如是做。刘凯在校期间主持国家自然科学基金三项、北京自然科学基金一项、承担国家重点研发计划专题两项，获得北京市自然科学基金优秀青年人才，在灾害风险评估、公共安全和应急管理等方面做出了诸多深层研究，为掌握学科前沿动态、积蓄扎实学识付出了辛勤努力。

四、独创教具做起来，博士午餐会办起来

好老师要有仁爱之心，关心每个学生的成长，做学生的摆渡人，教会他们立足于社会的知识和技能，让他们在自己的引导下去树立正确的人生观、世界观与价值观，这就是刘凯作为一名老师的仁爱之心。"在这个过程中你付出了爱，就能够收获到学生的爱，在我看来这是一件非常幸福的事情。"也正是为了获得这份"幸福"，无论是在学习上还是在生活中，刘凯都主动探索、积极付出。由于减灾与应急管理研究院学生来源及专业背景的不同，学生对知识的理解程度也表现出差异。为了把课程变成一个完整的知识体系，让每名学生都能听懂并接受，刘凯创新教学方法，和助教王亚安同学一起动手做了许多生动形象的教具。比如，演示地震中共振现象的教具，再比如，用燕麦和红豆来演示不同材料坡体稳定性不同，还有展示都江堰中飞沙堰排沙过程的教具，"我觉得通过这种教具，能够使得直观现象与物理学知识有机地结合在一起，学生就能够很直观地理解课程

中一些关键的知识点，从而使不同专业背景、不同知识接受程度的学生的学习变得更加容易。"只有真正地关爱学生，才能以学生为本位，尽最大可能去畅通其追求知识的道路。

刘凯入职第一年就担任了博士班的班主任。经过本硕培养的博士已经形成了自己的相对稳定的人生观、世界观和价值观，且在导师的指导下做着辛苦的科研工作，一般不愿意付出很多时间参加班级活动。刘凯则认为博士生活不应该仅被科研占据，应该引导他们去更深层地认识科研的价值，应该引导他们去熟悉除了科研之外的诸如人际交往之类的其他能力，应该让他们学会工作、学会学习、学会生活。基于此，刘凯自费设立了博士生午餐会，每周约一个宿舍的博士生到办公室，边吃边交流学习生活的困惑与难处。"因为我是个青年教师，并且刚刚毕业，所以我还是能够比较好地感受到他们当时的一些想法，在这个过程中就边吃边聊，希望通过这种小的事情能够给他们一些帮助以及一些正确的引导。同学们反过来也给予了我很多的帮助和启发，可以说这几年的辅导员工作对我影响非常大。"久而久之，大家也愿意主动地来找她寻求帮助。刘凯便以这样的一种方式温暖地散发着正能量，默默地在许多学生的成长中扮演着摆渡人的角色。

18岁就入党的刘凯，骨子里流淌着"不辜负时代"的信条。身为一名大学青年教师，刘凯面对着年轻稚嫩的面孔时，更是时时提醒自己，要弘扬正能量，希望自己能给学生带来一点点帮助和指导。"做一名'四有'好老师，不仅仅是口号，对我更是一种鞭策。希望我能一直和学生一起练就坚硬的翅膀，搏击蓝天。"

祝福新中国70年华诞：祝祖国更加繁荣昌盛，愿人民更加幸福安康。我曾在比利时留学7年，在国外求学的过程中，更加能够深刻地感受到只有祖国强大，才能给在外的学子一个坚强的后盾。过去的十几年，包括我在国外的那7年，其实是我们国家飞速发展的一个时期。正是在这一个时期，国家对科研投入了雄厚的资金，提供了强大的政策支持，使得国内的科研界发生了翻天覆地的变化；加之，留学在外的中国学者的浓浓爱国情怀与拳拳赤子之心，越来越多的在国外学业有成的青年才俊回国投入中华民族伟大复兴的时代潮流之中。就我个人而言，我非常感谢这个时代，感谢国家能够提供这样好的科研平台。作为科研人员的我们，得到了国家这么多的支持，应该做好自己能做的事，让我们中国的科研成果切实对世界、对全球产生影响，深刻地体会并积极地承担起国家发展的责任和使命。

寄语北师大和青年学子：作为一个理工科背景的老师，我在北京师范大学经受了很多人文方面的熏陶，对北京师范大学产生了深厚的感情，非常开心能够在这样的学校里面工作。现在学校也在积极推进各种改革，持续推进"双一流"建设，所以也是希望北京师范大学能够在这个机遇中获得更大的发展，取得更新的成绩！我也相信在我们师大人的努力下，学校能够实现高质量的发展，拥有更为广阔的未来前景！

很羡慕现在的青年学子，身处在一个伟大的时代，国家的支持多种多样，开辟多元平台开阔大家的视野；学校也为大家提供了多样的学习选择，还有丰富的出国交流学习机会促进大家的发展。希望大家能珍惜机会，志存高远、脚踏实地，不断为我们祖国更加美好的明天而奋斗。与此同时，在奋斗的过程中也应不忘初心，每个人的人生只有一次，要坚持守护自己内心真正热爱的东西，然后勇敢专注地去奋斗，这样才能够飞得更高、走得更远。

（文字：王娟、王雨晴）

陈桄：永葆学习的初心和好奇心｜北师大故事

这是一位年轻老师不断探索的北师大故事

人物卡片：陈桄，发展与教育心理学博士，北京师范大学教育学部教育技术学院讲师、硕士生导师，教育技术学北京市重点实验室副主任，同时任职于数字学习与教育公共服务教育部工程中心、教育信息化协同创新中心、北京师范大学智慧学习研究院。主持和参与各类研究课题和项目30余项。在国内外高水平学术期刊和会议上发表中英文论文50余篇，出版中英文著作2本。担任多本SSCI期刊审稿人，以及10余个著名国际会议议程主席、程序委员会委员和审稿人。目前主要研究方向包括在线学习中的认知因素，科学教育与科学教师专业发展，电子教材与数字阅读。从教以来讲授的"普通心理学""发展与教育心理学"等课程深受同学们喜爱，曾获得北京师范大学最受本科生欢迎的十佳教师（2014）、北师大教改示范课程（2016，2018），以及苹果杰出教育工作者（Apple Distinguished Educator）等称号。

一、师大"老人"，也是技术达人

"教育技术学院有一位传奇老师，懂信息技术，又懂心理学，颜值高，兴趣广，课堂好。"传说中的他就是"男神"陈桄。"虽然我不老，但是我真的是一名'老师大人'。"陈桄笑言。陈桄大学就读于北师大心理学系应用心理学专业，硕士和博士师从林崇德先生学习发展与教育心理学，博士毕业后留校到教育技术学院任教至今。"人生的几个 10 年我都在师大，我可不是真的'老师大人'吗?!"陈桄打趣自己对教师职业的认同和热爱也是从北师大的校园开始的。

懂技术的种子可是在陈桄小时候就被爸爸无意种下了。20 世纪 80 年代末，陈桄的爸爸为家里添置了当时的稀有物——一台兼容苹果 II 的中华学习机，这台电脑也让陈桄成长为"技术达人"。看着父亲用电脑工作，上高中的陈桄也对电脑产生了浓厚的兴趣。1994 年中国首次面向公众开放互联网接入服务，父亲和陈桄成为第一批使用者，当时的网速只有每秒钟 2.4K，也没有真正意义上的 WWW 浏览。在这样的条件下，陈桄每天在终端界面下给在外访学的父亲写电子邮件，并通过专门的指令把写好的文字转换为二进制发送。在这个过程中，陈桄很快就熟悉了计算机技术。在本科时期，陈桄为系里的老师和同学们装配了几十台计算机，还与两位志同道合的同学一起成立了工作室，为心理系甚至北师大设计制作网页。

1999 年本科毕业后，陈桄没有从事心理学相关工作，而是和朋友一起进行风险投资，创办了一家互联网企业。在商海中摸爬滚打的几年时间里，他始终无法忘怀成为一名老师的梦想。最终，在离开校园 5 年后，他再次重返北师大，并投入林崇德先生门下，继续深造发展与教育心理学。回到学校后，导师林崇德先生成了陈桄成长路上的引路人，"培养超越自己、值得自己崇拜的学生"是林崇德先生的名言。林崇德先生不仅是著名的心理学专家，也是全国师德标兵，林崇德先生对学生的关心与照拂陪伴了陈桄 5 年的学习与生活，陈桄形容师门的氛围是一个"温馨的大家庭"，林崇德先生像大家长一样熟悉每位学生的个性特点，尊重他们的兴趣特长。林崇德先生对学生发展的关注，小到衣着规范，大到家庭人生。林崇德先生用自己的一言一行为自己的学生做了最好的示范和教育。2009 年陈桄博士毕业后，林崇德先生给他建议，可以把发展与教育心理学的专业学习和自身对计算机、互联网方面的兴趣爱好结合在一起，于是陈桄在北师大教育技术学院开始了自己的教师生涯。

林崇德先生对陈桄的影响，同样也体现在陈桄对自己学生的培养上。陈桄效法自己的导师，尽己所能为学生创造学习机会、提供学习条件。不论研究生还是本科生，每周都要参加学术例会，读论文、汇报论文、讨论研究进展，也分享各自有趣的人生经历。除了定期的例会，陈桄还会根据学生的特长和个人兴趣，尽己所能为他们创造条件，例如，每年陈桄都会拿出自己的项目经费支持学生投稿出国参加国际学术会议，同时也凭借自己在企业界的人脉，为学生创造与知名企业合作的机会，学术与实践的锻炼双管齐下，不仅训练了学生的学术能力，也丰富了学生的社会体验。

二、满分老师是如何炼成的

作为教育学部讲授公共必修课"普通心理学""发展心理学"的老师，陈桄曾两次获得评教满分，在2014年获得"北师大最受本科生欢迎的十佳教师"称号，他开设的课程，也是每次"选课大战"中同学们的兵家必夺之地。谈到自己的教学理念，陈桄认为有四个方面是他一直在坚持与精进的。

一是"不讲道理，讲故事"。相较于传统的讲授式教育，陈桄更加喜爱以案例分析、故事分享的方式吸引自己的学生。在教学中，为了让课程中的案例更加贴近生活，陈桄会仔细观察，悉心收集生活中的人、事和社会的热点新闻并在课堂上用心理学的原理加以分析，除了经典案例会给予保留，陈桄每年都会更新一半以上教学案例，以增强案例的时效性，热门的事件甚至在第二天就能被陈桄带进自己的课堂，他说："这样的更新不是一种刻意，而是为了让学生有更多的新奇感，对课堂有更多的预期。"

二是从"传道，授业，解惑"到"激趣，启思，导疑"。陈桄认为，随着时代与学习环境的变化，教师所扮演的角色应从传统的"传道，授业，解惑"转变为"激趣，启思，导疑"。在当前的信息化时代，教师、课堂，甚至学校不再是学生获取知识的主要途径，他们可以利用更加多元化的渠道展开学习。但是否愿意保持开放的心态，终身学习，则首先取决于学生们的内在动机和学习兴趣。面对主要教学对象——刚刚步入大学校门的一年级本科生，陈桄希望学生在课程结束后对心理学有更多兴趣而不仅仅是为了应对考试，因此陈桄会采用多种方法激发学生对心理学学科的兴趣。例如，布置课后作业时，让学生们重复经典心理学实验，并以拍摄视频的方式呈现出来。在完成作业的过程中，学生一方面能进行系统设计和反思，另一方面，其中的优秀成果，可以成为后续课堂上的教学资源。这样，学生就会得到示范与启发。"我希望我的课程是一个活的课程，不是一个死的课程。"

　　三是采用新的技术手段来促进教学。从心理学院到教育技术学院，院系的转换让陈桄越发认识到信息技术在教育教学中的重要性，在研究团队负责人黄荣怀教授的带领下，陈桄开始负责北师大IPV6教学平台的设计开发工作，并作为第一批用户进行了试用。除了教学平台，陈桄也不断尝试在教学过程中使用其他新兴的技术手段。每当找到了合适好用的工具，陈桄不仅自己使用，也热心推荐其他老师们使用。Schoology.com是陈桄现在使用的主要教学平台，他通过该平台完成日常教学中的课后小测试、学生大作业提交、批改反馈等。在教学中，每讲完一个模块，陈桄都会花费大量的时间和精力在平台上设计在线测试题目，学生自主完成测验，不论回答正确还是错误，都能得到事先设计好的详细反馈。每位学生的大作业，陈桄也会在平台上认真阅读批改并给出评语，学生可以在第一时间登录平台查看反馈并且留下对反馈的意见。这样一来一去，学生对于课程内知识和方法的掌握更加牢固。除了专用的教学平台，陈桄也积极地使用流行的社交软件——微信来开展课堂讨论和交流。针对许多同学不愿意、不好意思当众提问题的特点，陈桄从2013年开始建立课程微信群，鼓励同学们在课后，或者听课的同时，在微信群中发表自己的意见，提出疑问，甚至鼓励大家在微信群中聊生活琐事。正如陈桄自己所说："同学们之间的关系和师生关系类似，必须先建立情感联系，才能让讨论深入下去。"陈桄后来收集同学们的课堂讨论文本记录，进行编码和分析，研究结果验证了当初的猜想，根据这些数据所撰写的英文论文，也在国际会议上与同行们进行了分享和交流。不管怎样，"信息技术的使用不是为了使用而使用，也不是为了赶时髦，而是真正为了促进和改变我们的教育教学"。

四是师生间的"情感联系"。为了拉近师生之间的距离，陈桄经常在课堂上与学生分享他的家庭日常与自己的人生经历。"我经常跟学生开玩笑说，当老师不仅要卖'艺'，还要与学生分享家里的很多事情，甚至是昨天吃了什么。"除了与同学们分享自己的生活，作为一名公共课教师，陈桄还有个独特的目标："我希望每次上完课之后能叫出所有同学的名字。"为了实现自己的目标，他让每位选课的同学都在教学平台中上传自己的照片，在课堂与学生的互动之外，在课下他也会经常翻看学生的照片，来识记学生的姓名。

生动的事例、幽默的语言、先进的方法，陈桄在讲台上展现的无穷魅力让同学们在活泼有趣的氛围中滋养了对心理学的兴趣与热爱，也让他成为同学们心中不倒的心理学"男神"。

三、精彩人生始于勇敢尝试

陈桄课堂的巨大吸引力，也来自他丰富的经历与广泛的兴趣。"最关键的是有好奇心，永远对没接触过的新鲜事物保持学习的初心。"陈桄形容自己在本科时期不是一个传统意义上的"好学生"，是一个很喜欢"玩"的人。他热爱音乐、热爱收藏、热爱鼓捣计算机，在学习之外，陈桄探索了各种不同的领域。作为吉他社的成员，他和乐队成员一起在校园的节日舞台上演出；作为广播台的一员，他主播的节目"欧美流行音乐"，受到许多同学喜爱；他同时还是心理学系足球队守门员。出于对信息技术的喜爱，陈桄在本科毕业后，和朋友们一起进行风险投资，创办过互联网企业，也曾经在IT媒体行业工作。

2011年，陈桄应邀参加了一个在越南举办的国际教师培训项目，在培训中除了对教育技术的学习，还有一个艰难的挑战，就是在完全陌生的环境和一群互不相识的外国老师一起生活、学习，这个挑战也让陈桄有了许多意想不到的经历：例如，换上本地女孩子的特色服装完成任务、骑摩托和外国老师在胡志明市做社会调查……"没有什么事情是不可以去尝试的。"陈桄享受对新鲜事物的探索，这些经历让他看见不一样的自己。在加拿大阿萨巴斯卡大学访学期间，为了满足孩子们学习加拿大国球——冰球的愿望，他从零开始自学滑冰和冰球，最后加入当地球队，与队友一起征战业余成人冰球联赛。陈桄同时也是个历史迷，喜爱收藏，从中学开始就收藏古钱币。陈桄身上各式各样的独特经历不仅是学生们喜爱的故事，也是激励学生勇于尝试新鲜事物的正能量。

寻找自我，是一段漫长的旅途。心理学家爱利克·埃里克森（Erik H Erikson）认为，人的发展在青少年到成年早期中有一项重要的发展，就是自我同一性的建立，知道自己应该做什么，要做什么样的工作，成长为什么样的人，构建自己的世界观、人生观、价值观，将自己的过去、现在、未来整合成有机的整体。这是陈桄最喜欢的一个理论。在每一个重要的阶段，他都积极地进行人生的探索。他不仅享受学习，也享受生活，他不只是老师，更是学生的朋友。

寄语青年学子：愿大家历尽磨难，都能找到自己前进的方向。

（文字：王娟、余婷婷）

赵春明：摘下自己的翅膀送给学生飞翔 | 北师大故事

这是一位第四批国家"万人计划"教学名师的北师大故事

人物卡片：赵春明，1994年获得经济学博士学位，同年破格晋升为副教授，1997年破格晋升为教授，1998—1999年在美国加州伯克利大学做高级访问学者，北京师范大学经济与工商管理学院二级教授、博士生导师，校级教学指导委员会副主任、国务院政府特殊津贴专家。社会兼职主要有教育部经济与贸易类专业教学指导委员会副主任委员、教育部全国国际商务专业学位研究生教育指导委员会委员、中国美国经济学会副会长、中国世界经济学会副秘书长、全国高校国际贸易学科协作组副秘书长等。

主要研究领域为世界经济、国际贸易、国际投资、战略管理等。主持国家社会科学基金重大项目1项、重点项目2项、一般项目2项，教育部、北京市等省部级以及国际合作研究项目10余项；独立和合作出版学术著作16部，译著5部，在CSSCI/SSCI期刊发表学术论文近200篇；成果获省部级以上科研奖励10余项，其中包括中国图书奖、教育部人文社会科学优秀成果二等奖、北京市哲学社会科学优秀成果一等奖和二等奖、安子介国际贸易研究优秀著作二等奖和优秀论文二等奖等。

在教学方面，先后主持10余项国家级和省部级教改项目，出版教材近20部，多部教材入选教育部全国研究生推荐教材、国家级精品教材、国家级规划教材和北京市精品教材；荣获50余项教学奖励和荣誉，其中主要有国家"万人计划"教学名师、宝钢优秀教师特等奖、教育部高校青年教师奖、国家级精品课程、国家级精品资源共享课、国家级精品视频公开课、北京市教学名师、北京市师德先锋、北京市优秀教学教育成果一等奖和二等奖、北京师范大学首届"四有"好老师金质奖章、北京师范大学最受本科生欢迎的"十佳教师"、北京师范大学最受研究生欢迎的"十佳教师"等。

师小萱：赵老师，首先祝贺您入选第四批国家"万人计划"教学名师！您对取得这项成绩有何感想？

赵春明：我想可以用三个"感"字来概括自己的心情吧。

首先是感恩。我要深深地感恩学校这么多年来对我的培育和熏陶。我是1981年考入我们北师大的，到现在将近40年了，套用时下一句流行的话来说，就是从一块"小鲜肉"熬成了一块"老腊肉"。在这个漫长的"熬制"过程中，师大"学为人师，行为世范"的校训和文化对我的成长产生了非常大的影响。

其次是感谢。我要特别感谢在我的成长历程中教育我、培养我以及给予我许多支持与帮助的老师和同事，比如，我的博士导师陶大镛先生、硕士导师杨国昌教授等。可以说，如果没有这些老师的教育培养和同事们的支持与帮助，我也不可能取得今天的成绩。

最后是感慨。因为对我自己来说，在荣誉的背后确实是付出了比较艰辛的努力。记得电影《霸王别姬》描述张国荣饰演的角色程蝶衣时有一句话：不疯魔，不成活。的确是这样，光鲜的背后其实通常都是在不断地"折磨"自己。

一生去回望，一生去追寻

师小萱：您是如何接触上自己的研究领域的呢？

赵春明：我走上经济学的教学和研究之路，可以说是纯属偶然。我是江西省崇义县人，当时对我们来说，北京是非常令人向往的地方，所以我的第一志愿就填报了北师大的政治经济学专业。对于这个专业其实当时也不是很了解，记得当时我高中的班主任对我说："春明呀，政治经济学可是搞政治斗争的，可我看你并不像搞政治的人啊！"后来学了政治经济学后才知道，此政治非彼政治也。从此以后，我就与经济学结下缘了。当然经济学的领域很多，我本科读的是政治经济学专业（后来改为经济学专业），硕士读的是马克思主义经济思想史专业，博士读的则是世界经济专业，而国际贸易、国际投资又是世界经济中的重要研究方向，所以我后来从事的教学和研究工作大多集中在国际贸易和国际投资等领域。现在掉过头来看这段经历，我觉得还是很有意义的。我们知道，虽然西方经济学体系有很多有价值的东西，但是如果要洞察经济活动的本质和社会发展的趋势，就需要借助马克思主义的基本理论。因此，在我的课堂教学和研究成果中，学生和读者往往能感受到一种马克思主义的经济学情怀与理论精髓。

师小萱：您与北师大之间又是如何结缘的？其中有没有什么可以与我们分享的故事？

赵春明：说起来也是一种机缘。刚才提到，我小时候的最大愿望并不是成为老师，而是想做一名法官。为什么呢？就是因为看了印度的一部电影《流浪者》。那时候电影很少，看一场电影会激动好多天。我看了《流浪者》后就特别激动，里面的主人公让我很感动。电影讲的是一位漂亮的女法官丽达与流浪者拉兹的爱情故事，看完后我就立志要做一名法官。我记得自己写了一张字条放在枕头底下：赵春明，你以后想不想当法官？如果想当法官，那就早晨5点钟起床！就这样一直激励我考上大学。填写志愿的时候，我把北师大放在第一志愿，第二志愿则填报了西南政法学院，也就是今天的西南政法大学，但没想到自己有这么好的运气，第一志愿就被录取了，那年师大政治经济学系在江西只招收2名学生，我就是其中之一，所以我也非常感谢当年招生的老师，是他的选择让我和师大结下了这份不解之缘。从本科、硕士到博士，我都是在师大读的，所以我们这类人有一个雅称，被大家叫作"三师人"。迄今为止，我在师大学习、工作和生活将近40年了，这里的一草一木我都非常熟悉，也目睹了师大翻天覆地的巨大变化。诗人徐志摩曾说："感情是我的指南，冲动是我的风。"如今到我这个年龄，冲动已渐行渐远，但通过无数个难忘景象而日积月累起来的感情却使我深深地融进了师大之中，从而值得我一生去回望，一生去追寻。

师小萱：您怎样看待平日的教学工作？

赵春明：关于如何看待教学工作，虽然我最初的理想并不是要做一位老师，但是自从选择了这个职业之后，我就非常喜欢老师这个职业，更是热爱教学这份工作。多年以前有一首歌《长大后我就成了你》，可以说唱出了老师这个职业的特点。我记得早年有一位夜大的学生对我说："赵老师，我觉得你们老师挺伟大的！"我说："没有啊，我们也是凡夫俗子啊！"他说："不，在单位里别人都不希望我们发展得好，但你们老师不一样，我们发展得越好，你们就越高兴！"他这句话说得有一定道理，这其实就是我们教师职业的一个重要特点。对于老师来说，最喜欢做的事就是摘下自己的翅膀送给学生飞翔，学生飞得越高我们老师就越有成就感。就我自己而言，每每看到学生的成长和成就，就会油然生出一种自豪感和满足感。比如，在2010年评选的北京市十大师德标兵中，就有2位来自我指导的博士毕业生；再比如，我和我早年指导毕业的博士熊晓琳教授有两次共同出现在了北京师范大学最受本科生欢迎的"十佳教师"和最受研究生欢迎的"十佳教师"榜单上，当时有校报记者采访我，我说："我得到这个荣誉虽然很高兴，但是我更高兴的是看到晓琳得到这份荣誉！"所以啊，教师这个职业是很高尚的，如果我们自己不能做好，就有愧于这个职业的荣耀与崇高！

另外还记得2017年9月，我在上全校通识课程"经济全球化与当代中国经济"的第一节课上，有位家长坐在教室后面听讲。一了解，原来她是外地送孩子来上学的，想实地考察和感受一下孩子选择北师大是否选择对了，她说："听了你的课后，觉得孩子的选择完全正确，以后孩子在师大学习我就完全放心了！"虽然这位家长的褒奖有些过誉，但是作为老师，我在感动和自豪的同时，更是感受到了一份沉甸甸的责任，因为我们老师教学教得好坏，不仅仅是我们个人的问题，而且会直接影响到学校的声誉！所以对于我们老师而言，每一节课都要认真对待！

只要咬牙挺过去，终会迎来一片草原

师小萱：在您多年的教学和科研过程中，是否遇到过什么困难或者印象深刻的事情，是如何解决的呢？

赵春明：在这方面，要说起来有很多很多。这里就提几件印象特别深刻的事：

第一件事是我早年身体上的一个问题，就是患有比较严重的口吃，因为口吃，导致性格内向，所以在大学一、二年级时，我都不是一个善于言辞和表达的人，当时同学们送我一个外号"老夫子"。很感谢同学们对我的信任，大三时选举我做了团支部书记。记得有一次在上《资本论》的课，下课时要通知一件事情，其实是很简单的一句话，就是"下课后，请团员同学留一下"。但是就是这么一句话，就一直在我脑子里回旋转悠，整节课我都无法安下心来听课。前些年整理书籍和笔记时，我还看到那节课的笔记本上自己当时留下的心情写照："糟糕，脑子乱了！听不进去，自己真是混蛋！"但后来也就这样一直咬牙坚持下来，不断地磨炼，才终于克服了身体上的缺陷和心理上的阴影，后来和人见面以及上课时能够自如地进行表达了。

第二件事就是我写博士论文期间，当时我住在师大四合院东楼。那时我已经留校任教，白天有上课任务，同时还担任了学院团总支书记和班主任等社会工作，因此我的写作经常是在深夜进行的。记得有一天夜里，大约是1点多钟，突然我的门被敲响，并伴随一声愤怒的责问："你是怎么回事啊？天天晚上不睡觉，弄得我们楼下都没法睡觉！"我这才知道，原来住所不隔音，我晚上来回地走动影响了楼下老师的休息。在道歉之后，我便换上了软底鞋，并把椅子固定在一个地方，不做任何移动，以免发出声响影响邻居。就是在论文的写作过程中，我差点儿就要崩溃和放弃了。因为有一节内容怎么也写不下去了，加上焦虑，天天都头痛欲裂。后来有一天深夜，我在四合院的周围小道上，来回走了3个多小时，在内心痛苦的挣扎中一遍一遍给自己打气和鼓劲儿，最后迫使自己再次坐到书桌旁，整理好心情和思路，慢慢找到了感觉和灵感，一连几天终于把这块骨头给啃下来了，当时的心情真可谓是百感交集，难以言表！这段经历也给我一个启示，就是无论是科研还是教学，就像是在爬一座座高山，只要咬牙挺过去，就终会迎来一片草原！

第三件事是我家庭生活中的一段经历。我们老师也是凡人，除了教学科研外，经常也会遇到很多家庭和生活方面的烦心事甚至困境。比如，2011年，我家里三位老人同时重病住院，那年我孩子还正好是高考；2012年我送走了我岳父；2013年又送走了我母亲。紧接着我岳母做了一个大手术，结果血栓栓坏了脑子，演变成老年痴呆，后来经常在夜里走丢，我们经常要在深夜里找她。另外那几年我正好还担任我们学院主管教学的副院长，同时还分管了一年多的行政事务，工作很繁忙，真的可以说是全方位的压力。有一天我爱人在医院给我打电话说："你快来看看吧，妈不行了！"那时候我刚给我们MBA上完课，当时刮着大风，我从后主楼下来以后，迎着狂风就想大哭一场，因为压力实在是太大了！在最困难的时候，我一直给自己这么一个信念，就是再辉煌的时候都会过去，再艰难的时候也会过去！

师小萱：您与学生之间在课上课下是如何交流的？

赵春明：我与学生之间的交流是多渠道的。在课堂上，学生有问题可以随时提问和讨论，课下除了当面交流外，还有邮件、电话、微信等多种联系和交流方式。另外我的慕课课程也已经在中国大学 MOOC 等平台上线开通了，除了校内学生外，还有大量的校外学员，不管有多忙，我几乎每天都要抽空进去看一看，及时回复学生们提出的各种问题。虽然慕课也聘请了研究生做助教，但在线学习的学员还是非常希望能看到老师的回复和身影，这样才能拉近老师与学生的距离，达到慕课建设的初衷。

把教学做成一门艺术

师小萱：能不能向我们分享一些您从事教学工作的经历与经验呢？

赵春明：一是要处理好研究与教学之间的关系。大家知道，大学不同于专门的研究机构，如果光是研究做得很好，但教学能力不强，那也不会成为一个受学生欢迎的好老师；反过来，如果只有教学能力和表达技巧，但研究水平不高，也很难真正获得大学生们的尊敬和肯定。只有把这两者有机地结合起来，才有可能达到好的教学效果。我在教学生涯中，一直很注意协调这二者之间的关系，注重以教带研，以研促教，及时将最新的研究成果运用到教学过程中，从而取得了较好的效果。

二是要处理好宏观与微观之间的关系。我给本科学生上的课程如"国际贸易学""经济全球化与当代中国经济"等，大多偏重于宏观范畴，理论性也较强。为了更接地气，同时增强学生理论联系实际的能力，我在教学过程中非常注重微观案例的运用与分析。比如，现在市面上关于国际贸易实务案例的书籍很多，但是有关国际贸易理论与政策方面案例的书籍则几乎没有，为此我专门编写出版了《国际贸易理论与政策案例解析》一书，选取了与国际贸易理论和政策密切相关的 49 个典型案例并进行了详细解析；同时考虑到无论是参与经济全球化还是进行国际贸易，其行为主体都是微观层面的企业，所以我还编写了《企业战略管理——理论与实践》一书，并针对课程内容，通过各种渠道甚至自费制作了多个精美的案例视频资料，把宏观与微观贯通，形成了具有鲜明特色的教学风格。

三是要处理好教书与育人之间的关系。在长期的教学过程中，我一个非常深的体会，就是要用"心"来教学，而不能光用"嘴"去讲课。这里的"心"，不仅是指老师的敬业精神，更是指在教书的过程中要注重育人。德国哲学家雅斯贝尔斯（Karl Theodor Jaspers）曾说："教育，就是一棵树摇动另一棵树，一朵云推动另一朵云，一个灵魂唤醒另一个灵魂。"为此，我通常把课堂当作自己的人生舞台，把教学做成一门艺术，在授课过程中非常注重把正确的价值观、内心的激情、对学生的关爱和人生体悟渗透到专业知识的讲授之中，润物无声，播撒有痕，对学生产生了潜移默化的良好影响。

四是要处理好传统与现代之间的关系。我们的传统教育非常注重思想和理念的教育，这些精华我们要继续继承和发扬光大。但是原来的教学方式比较简单和单一，"一支粉笔，三尺讲台"的教学方式已经远远不能满足现代教学的需要了。在互联网+时代，我们需要遵循"沿用好办法、改进老办法、探索新办法"的原则，不断改进和优化教学方式。具体来说，就是既要重视面对面的课堂教学，又要重视课后的实践教学和网络教学，既要重视引导学生线上自主学习，又要重视引导学生线下交流讨论。

以上四点只是我的一点儿体会。虽然我自己在这些方面做了一些努力，也取得了一些成效，但我们师大有很多老师都做得很好，值得我以后进一步学习和借鉴。

寄语北师大：学校近些年培养和引进了大量优秀的青年教师，这些青年教师不仅科研能力很强，而且教学方面也很有前景，只要假以时日，持之以恒，就会涌现出一大批名师，我对师大的发展前景充满信心！

李渊：在成长的路上｜北师大故事

这是一个尊师重教奋力传承师范精神的北师大故事

人物卡片：李渊，历史学博士，北京师范大学历史学院副教授，主要研究方向为中外古史比较，主持、参与省部级课题4项以上，参与的"比较视野下史学理论与西方史学史的研究与教学"课程项目获北京市高等教育教学成果奖二等奖。

简短的采访，让我们对李渊的谦逊印象深刻。不论是这次青教赛还是自己的教学科研工作，李渊的讲述中都满含对前辈、同事帮助与支持的感激之情。

青教赛：在学习中反思，在反思中学习

谈及为什么参加青教赛，李渊提到，一方面青教赛是学校举办的活动，符合时间、年限要求的老师都应该参加并予以支持；另一方面，青教赛的最大意义是可以带给青年教师思考，帮助青年教师进行教学的总结与反思。对于此次参赛获得一等奖，李渊表示，很感谢学校和学院提供的机会，也很感谢诸多老师提出的宝贵建议和比赛中评委老师的中肯意见，这些都是他继续努力的推动力。

在这次青教赛中，无论是教学的内容建设，还是内容的展示过程，抑或是教学态度，都让李渊受益匪浅。李渊提到，对教学内容建设而言，讲授内容需反映学术前沿,体现教师对此问题的思考,这对大学课堂尤为关键,也是教师应努力的方向;对内容的展示过程而言,无论是15分钟的比赛,还是三节课的日常教学,想让同学们耐心听完,就应尽快抛出自己的核心问题,引起大家的兴趣,而提出的问题最好与之前授课知识相联系,以体现课程的连续性、逻辑性,其中知识点的展开应该是逐次的、层层递进的。而关于教师的态度,教师则应真正热爱教学活动,且对所讲授的内容充满兴趣,这样学生才能被吸引到教学中来。这不仅仅是一名教师应具备的重要素养,对于即将从事教育事业的学生而言,也是培养他们教育情感的重要手段。

恩师:心中的标杆与前进的动力

经师易遇,人师难遇。李渊坦言,自己一路走来受到很多老师的点拨,恩师们的精神至今久久不能忘怀。历史学科是一门颇具传统的学科,在师大尤为甚之,很多老先生对历史学科的传承与发展都做了很大贡献。李渊着重谈到研究生导师和博士后合作导师对自己的深远影响。

"我深刻记得,我的研究生导师易宁老师在临终前,很多事情都已记不太清楚,但就记得我在院里工作,有一门课是和我合上的。在病床上见到就两句话,没有一句私话。他说:'李渊啊,上好这门课。把院里安排的工作做好。'"时至今日,李渊在回忆这一段情景时,还不免哽咽。老师临终前的这一番话让李渊深知肩上之责任。"可以说,现在给学生们上课,做院里的工作,包括自己平时的科研,都是带着浓厚的感情的,丝毫不敢忘记易宁老师对我的嘱托,也希望通过持续不断的努力不辜负导师对我的期盼。"

师者,传道授业解惑也。李渊提到,目前的些许成就和诸多感悟很多得益于当时的博士后合作导师刘家和先生,自己不过是一直在不断努力学习各位先贤和前辈的治学精神。在刚开始参加教学工作时,李渊存在讲授的课程与科研的兴趣不完全一致,不知道如何权衡二者之间关系的迷惘。

当带着这样的疑惑请教刘家和先生时，先生以亲身经历的教导使李渊豁然开朗。刘家和先生回忆，年轻的自己同样具有这样的困扰，当时的老系主任白寿彝先生就教育他：要记住从所有的教学过程中"捞一把"，每个教学活动对教师的研究、对教师的发展都是极其有用、有帮助的过程。这个"捞"不是捞取利益，而是在教学过程中学会新的方法并掌握新的知识，不断地去提高自己。师范精神的有力传承使得当时点拨刘家和先生的一席话，时隔多年，再次点拨了李渊。

生命不息，学习不止。这是老一辈学者的精神写照，也是新一代教师的奋斗方向。刘先生90岁时，依然笔耕不辍，不管贡献多大，从来没有说躺在功劳簿内，而是一直致力于学术界，不断地超越自己。李渊表示，遇见刘家和先生是自己的幸运，自始至终，都持续地告诫自己：向前辈学习，从不停歇努力的脚步，保持不断超越自我的信念。

教学：带着感情上好每一节课

教学是执教生涯的永恒命题。"外国史学史"开课伊始，由易宁老师和李渊共同担任授课教师。于李渊而言，教授这门课不仅怀揣对学生负责的热忱，也有不负老师之托的信念。

2013年李渊开始在北师大做师资博士后，这是他教师职业生涯的开端。从那时起，李渊就不断总结教师经验，厚积薄发。教学5年来，李渊一直注重学生的听课体验，倾听学生的声音。"每学期课程结束后，我都会一条一条地看学生在系统里写给我的评语。说实话，这些评语对我帮助也很大。"李渊举例道，最初上课时，一些学生指出来，我说话虽然清晰，但是语速略快。"自我反思，确实存在该方面的问题，语速快可能导致对某些知识点不熟悉的学生，没办法记全笔记。语速向下降也是考虑到学生可听得更明白，让学生有更多的思考空间。"正是李渊认真负责的教学态度，得以让学生在"外国史学史"课上驰骋在思想的原野，享受听觉的盛宴。曾经上过这门课的学生冉博文表示："'外国史学史'课程内容繁复，线索纷杂，涉及大量史家、史著和史学流派。在教材与核心文本的基础上，李渊老师不仅从既有成果入手，为我们厘清西方史学发展的基本脉络，还结合自身的史学实践，介绍国际学术界的前沿话题。老师流畅而清晰的表达当然源于其扎实的学识和对所讲授内容的熟悉，也源于每一次课前的精心准备。'外国史学史'课程使得我有机会与学术史对话，这样的对话不仅仅是知识性的，更是启发性的。"

苟日新，日日新，又日新，是李渊对自己教学工作的又一要求。回顾5年来的教学工作，李渊坦言，万事不能一蹴而就，一劳永逸，教学更是如此，它是一个不断成长、不断进步的过程。5年前，三尺讲台上站着的是那个略显青涩、略微紧张的李渊；5年后，讲台上站着的则是敢于挑战自我，并在青教赛中脱颖而出的李渊，是临场应变能力、上课技巧逐步提升的李渊。成长中的李渊始终铭记，教学需要不断对知识点和知识结构进行总结与反思，第一年讲课结束后或许觉得不错，但在第二年，一方面由于新的科研成果的出现，现状已经发生了变化，旧的教学内容已然不符合学术前沿；另一方面，重新思考学生兴趣点与教学方式等问题的逻辑关系，本身就意味着改进的开始，每次着实都会迸发新的变化。

岁月不居，时节如流。在师大工作的5年时间里，于李渊而言，每一年都在变化，每一年亦都在成长。

寄语青年学子：大学是最宝贵的学习阶段，愿同学们在学校期间，能够尽早确定自己的发展方向，并为自己的理想而不懈奋斗。

（文字：王娟、黄小雨、丁庆荣）

周红敏：好课多"磨" ｜ 北师大故事

这是一个青年教师磨炼教学技艺努力突破自我的北师大故事

人物卡片：周红敏，地理科学学部遥感科学国家重点实验室高级实验师，博士学历，研究方向为遥感实验方法和技术、地表参数反演与时序分析。曾获北京师范大学优秀共产党员，北京师范大学青年教师教学基本功比赛一等奖、二等奖，"中国青年遥感辩论赛"二等奖等，多次参与"973"计划、"863"计划和国家自然科学基金项目。

2018年11月24日，北师大曾宪梓教学楼，周红敏穿着剪裁合适的小西装坐在台下静静等待。这不是她第一次参加青年教师教学基本功比赛（以下简称青教赛），却是她准备尤为充分的一次。上场前，她仔细回忆了一遍比赛注意事项——从语气停顿到讲课手势，从课前引入到核心内容。回忆如同丝缕，过去一个多月来的备赛历程也萦绕上心头。后来她得知自己获得了本科生教学理工科组一等奖。

一、"好的选题是成功的一半"

早在2014年，周红敏就参加过青教赛，并获得了本科生教学理工科组二等奖。"对于在高校讲台上才有三年讲课经验的我来说，这个二等奖的获得对我是莫大的鼓励，但也有些许遗憾。"经过这轮比赛，周红敏对磨炼教学技巧，打造精品课堂内容有了更加深入的认识和思考。4年后，在地理科学学部工会主席的鼓励下，在教学岗位上磨炼了更多经验的周红敏决定从2018年新开设的全校通识课《地理信息系统导论》中挑选"地图投影"一节作为参赛内容。

两次比赛选题不同，名次不同，而通过比赛激励自己提高教学综合能力的初心是不变的。

"如果你能找到一个好的选题，也就有了50%成功的把握。"这是周红敏参加两次青教赛的最大体会之一。地理学是一个时代性比较强的学科，因此老师们会在每个学期的课程中增加很多新的内容。就地理学而言，一个好的选题应该是既有完整性，可以体现学科特点，同时又要做到有广度、有难度、有深度。尽管她选择的"地图投影"一节，存在着教学难点多等问题，同事们也对此提出了一些中肯的建议。但是出于对完整性和难易程度、熟练程度等多方面的综合考虑，周红敏相信这节课是可以讲出彩的，最终还是决定迎难而上，坚持了自己的选择。

二、感恩北师大乐意传帮带的老教师

回忆本次参赛过程，历时1个月之久，周红敏收获满满。从北师大有经验的老师身上学到很多教学知识和能力，这是周红敏又一个比较大的收获。

地理科学学部对青年教师的教学能力非常重视，借助本次青教赛之机，学部专门成立教学能力与业务能力兼备的评委团，多次为本次参赛选手指导。评委团成员有全国教学名师、地理科学学部王静爱老师，本科教学督导团团长、化学学院尹冬冬老师，还有其他多位担任预赛评委的老师，他们的保驾护航让这些青年教师变得越来越自信。

"北师大有一批有经验的老师，他们很热衷于传帮带，愿意奉献自己的时间和精力，把自己所知毫无保留地分享出来。我们是幸运的。"专家评委们对他们从课程选题、内容组织、PPT制作，再到节奏控制、讲话风格、教态手势等方方面面都进行了悉心辅导。不仅分享自己的教学经验，还全面地讲解了比赛中可能会遇到的问题，甚至细致到上台时要穿什么样的衣服，如何才能更加得体等小的方面。

周红敏之前最得意的"引入部分"就是在培训会上被否定的。周红敏曾为这节课设计了5分钟的开篇作为整节课程的引子，因为自己很满意这个部分，在初赛时她没舍得删掉。实践证明这个引入的效果确实不错，给其他听课老师也留下了深刻印象。但是专家提出，对于常规45分钟的大容量课堂，这个时间是比较合适的，而对于15分钟的比赛展示环节，从整体课程设计角度来看，时间还是偏长。就这一问题，既具有专业的地理学背景，又是全国教学名师的王静爱老师，为周红敏提供了及时的指点。

把引入部分从5分钟压缩到3分钟后，周红敏给王静爱老师试讲了一遍，王老师还是觉得不合适。思虑再三后，周红敏决定"忍痛割爱"，参考王静爱的建议采用更加简洁有力的引入风格，直入主题。同时，增加一些现场的演示用以互动，让课程更加生动立体。事实证明，正是接受了王静爱老师的建议，周红敏在参赛时才展示出了最好的效果。

虽然培训会是多人座谈的形式，但是在周红敏看来这种集体讨论的模式让青年教师们提升很快，对于大家的问题也可以有则改之，无则加勉。由于每个人的授课风格不同，会后王静爱老师也留下了自己的联系方式，表示如果再有问题可以单独约时间，进行一对一的辅导。

由于周红敏是第一次讲授这门课程，难免存在自己的困惑，所以在之后又约了王静爱继续向她请教、探讨。对于这一切周红敏心存感激："我当时有一些课程设计上的问题，王老师平时事情很多，我也算是鼓足勇气私下约了她。想不到，王老师很爽快地答应了。而这次见面，是我最受益的。"在比赛的前一天，得知比赛定于周六下午的王静爱主动向周红敏提出上午可以再邀她试讲，这让周红敏有了一颗"定心丸"。

"北师大地遥团队和王静爱老师对我的帮助很大，如果没有他们一路上的支持和指导，我不会取得这样的成绩。"

三、这是一场比赛，更是一场洗礼

通过本次青教赛，周红敏发现自己的课堂存在一些强势和"压迫感"的问题，这是她的一个意外收获。

周红敏坦言，自己是一个接受传统教学成长起来的人，所以自然而然在自己的课堂上就用传统教学形式进行讲授。在课堂上树立权威，只传授正确的、毋庸置疑的知识，这种特别自信的教学形式，是周红敏一直坚持的。在很长的一段时间里，她并没有意识到自己存在着这样的问题。直到初赛时一位评委老师提出了这一点，这让周红敏感到震惊和困惑。后来她进行了深刻的反思，发现这与她从小接受的教育方式有一定关系，更重要的是，她自身就存在着讲课语速快、缺少和学生互动等问题。

由于个人的性格关系，周红敏平时说话的语速较快，在教学时也会要求自己一定要把课前设计的教学内容在规定时间内讲完。"这样就会导致当课程内容不能按照预想状况进行时，我的节奏就会被打乱，并且试图通过加快速度和提高声音的方式将知识灌输给学生。可能给学生带来压迫感，也让他们没有反应的时间。"

在震惊和困惑之余，周红敏反思道："授课的目的就是为了让学生能够接受你给予的知识，所以一定要把学生当作主体，考虑他们的感受，洞察他们的接受程度。从他们的角度把知识点讲清楚，让师生两方处于一种良性的平衡。这些都是在参赛过程中和比赛结束后才开始思考的，对我的启发很大。"

青教赛给了周红敏沉下心一点儿一点儿反思教学中可能存在问题的机会。她还发现，自己在讲课时语言组织可能会比较细碎，还会有一些小动作，有时会干扰学生，但有的老师却可以做到讲课没有一句多余的话，没有一个多余的字，甚至没有一个多余的语气词。为了不断优化完善自己的教学细节，周红敏反复观看优秀教师的教学视频，还录下自己讲课的录音来听。"拿了一等奖我挺高兴的，但是从这件事情上带来的转变不仅仅是课堂上，也改变了我平时的观念和做事风格，这才是让我受益终身的事情，是比一等奖更重要的事情。"

虽然参加比赛的 15 分钟课程是经过精雕细琢的，但是这对周红敏平时的授课有很大的影响。"刚开始我们甚至不知道优秀的标准，只是有一个直观的印象，没有去深究为什么这个课讲得好或讲得不好，但现在就会理解其实课程中每一环节的设计都是有充分理由的。"也正是这些，让周红敏意识到锻炼好教学基本功的重要意义。她明白每一节好课都是打磨出来的，也更加坚定了她想上好每一节课的决心，认真思考自己的课程。

寄语：用心做事，天道酬勤。

（文字：王娟、黄小雨、孟昕）

闫东鹏：做一名谦虚的求学者 | 北师大故事

这是一个青教赛一等奖得主的北师大故事

人物卡片：闫东鹏，工学博士，北京师范大学化学学院教授、博士生导师。研究领域为无机超分子化学，自组装有序功能薄膜，分子共晶材料的功能调控等。近5年来，以通讯联系人在 Mater. Horiz、Nano Energy、Small 等刊物发表一系列论文，有20篇论文被期刊推选为封面或插图，如 H-index 38。相关工作被 Nature Chemistry，Nature China，ACS Noteworthy Chemistry，Chemistry Views，Materials Views 和 Science Daily 等以"News and Views"和"Research Highlight"等形式进行评论和报道。担任无机和结构化学领域学术丛书"Structure and Bonding"第166卷 Photofunctional Layered Materials 共同卷主编，我国《应用化学》和《中国化学快报》等期刊青年编委。授权美国发明专利2项，国家发明专利18项。获得2018年度基金委优秀青年科学基金，先后主持国家自然科学基金面上项目2项，青年基金1项，北京市自然基金面上项目1项，参与科技部重大研究计划项目。获得了第20届中国专利奖，北京市科技新星和北京市自然基金优秀青年人才，以及北京市优秀博士论文，北京市高校成才表率，北京市高校优秀共产党员，北京市科技社团优秀科技工作者等荣誉和称号。指导的研究生9人次获得国家奖学金。

青教赛中有这样一位选手，他不是第一次参加，却是第一次登台。他用自己的努力和积淀赢得了掌声。曾经作为志愿者评委的他，在台下暗暗钦佩台上教师的神采飞扬，如今在学校、学院的培育与自己的努力下，他也站上舞台，表现自我，留下属于他的精彩。谈及过去的成长和这次比赛的经历，他有着诸多感触，愿与我们分享。

一、蓦然回首，浅谈经验和收获

回望青教赛的参赛历程，闫东鹏首先想到的便是感谢。他十分感激学校和学院能够给予青年教师这样一个平台，并如此用心地对他们进行培训和指导。在正式比赛之前，闫东鹏已经在学院里经历了五六次"历练"，而每一次的赛前试讲，都让他受益匪浅，从中汲取了诸多经验。

在闫东鹏看来，教师的教学理念会直接影响教学效果。教师需在教学理念和模式上进行更深一步的思考。开门见山，平铺直叙，给概念，摆证明，说结果是一种方式；先设问让同学们思考，再让同学们设计实验，最后得出结论也是一种方式。重要的是要学会转变教学理念，坚持以学生为本，运用多样的模式去吸引学生们来学习这门课程和相关内容。但理念和模式的改变并非一朝一夕之事，这要求教师们要在平时下功夫，不能像以前那样坚持灌输的理念，现在更要从学生的角度去思考问题。他提到，尤其是大理科改革，改革的根本在督促教师，使教师们意识到需要努力让课程变得更加有吸引力，让学生不仅觉得这个课程有用，同时也适合现阶段的学习。教师需要让课程的难易程度匹配大多数同学的能力，不仅要有普适性而且要有区分度。

比赛期间，闫东鹏对教学的技巧和手法也有了新的认识。他总结道，教学方法和技巧有三个方面值得注意。第一，就是方法要灵活多样。在讲授过程中添加一些动画，包括视频、在线实验等会更有利于提升同学们的学习兴趣，加深知识层面的印象。让学生通过分组讨论、协商探讨等得到结论也是激发课堂活力的一个好方法，开放性的讨论会让学生对知识的理解和印象更加深刻。第二，就是语言要生活化。教学要贴近生活，要注重让学生把书本上的知识和日常生活实例结合起来，使得感性认识和理性认识相辅相成，这样才能方便理解。第三，还要多注意细节。比如，设置疑问时，要给学生留出一定的思考时间，或提出一些感兴趣的问题。同时要注意问题答案的不唯一性，"不唯一"有利于发展学生们的发散性思维和创新性思维。另外，闫东鹏也特别注重授课时一些细节的规范性。教师要学会通过语言、眼神、语音语调的运用，强调知识的重点，引起大家的注意。"这就要求老师在平时的细节方面多注意，要注意平时授课的语音语态，不能太随意，一些口头语要尽量避免和改正。"

比赛对教案的严格要求，让闫东鹏深刻认识到教案书写的重要性，也让他意识到在教案书写中需要从宏观上明确整个学科的框架，并在上下衔接中明确每节具体课程起到的作用。这样学生才会明白内容之间的衔接和联系。他把教案写作过程，概括为教师明确整体与局部的联系、知识的连贯性以及内容的系统性的过程。闫东鹏举例说道，他在比赛时讲授的是"缓冲溶液"，上节内容衔接"酸碱平衡"，下节联系"酸碱指示剂"，起到了承上启下的作用，因此就要在教案书写和教学过程中都有所明确，让学生懂得知识不是孤立的，而是一个连贯的体系。"如果每一节课，都能加深同学们这样的印象，让他们知道知识体系是一棵树，现在所学的内容在树干或者树枝上起到怎样的作用，就会有利于同学们形成一个系统的逻辑思维和知识框架。"

二、华丽转身，教研相辅相成

今年，是闫东鹏来北师大的第 6 个年头，之前在北化工任职时，闫东鹏上课比较少，多以科研为主。来到北师大后，才开始真正教授基础课。在他看来，讲授基础课程也促进了他的科研。基础课程所包含的内容是非常重要且有用的，他在科研过程中也经常会用到他教授的基础课程。闫东鹏坦言，在此之前自己对一些基础知识也存在似懂非懂的情况，但是每上过一遍、讲过一遍后，就会对基础理论有更深的认识和理解，而这些深刻的认识反过来又能促进实验室的理论研究。"研究本身要解释很多东西，而这些东西在我们无机化学、基础化学的课程中都有提到，这也对教学和科研起到了双向促进的作用。"

除了是科研方面的一把好手，闫东鹏也曾担任班主任一职。在他担任班主任期间发现，有些大一的同学，学习的方式还没有完全改变，导致学习效率低下。闫东鹏认为，要尽快适应大学的学习环境，就一定要注意学习方式的转变。"能考到我们学校的学生，学习成绩应该不错，但是我发现有的学生到了大学会很吃力，通过答疑就能看出来，有的学生理解不了，而且觉得学的内容很难。"问题的关键就在于同学们没有用自己的方式去理解问题，很多时候是用一种简单记忆的方式。如果纯记，到了大学知识点太多了，死记硬背是行不通的。所以闫东鹏总会在授课之初就向学生强调："一定要用自己的方式去理解问题。"

在教学的过程中闫东鹏还非常注重学生的提问，因为他在授课期间发现课堂上问问题的同学不多，总是那么几个。而他明白问题如果日积月累就会越来越多，导致学不懂、学不会。闫东鹏一直致力于和大家一起解决这个问题。在英国剑桥读书时，闫东鹏发现那里每两个学生都会有一个责任导师，对学生的学习情况进行跟踪和指导。这种模式的好处就是能保证今日事今日毕。闫东鹏也努力朝此方向发展，经常为大家答疑解惑，同时他也鼓励学生每一次的作业、每一次出现的问题都要及时与他沟通。"知识是一环扣一环的，前面不懂，后面懂的可能性也比较小，有问题要及时解决。"闫东鹏多次表示同学们一定要养成多和老师交流、讨论的习惯，要让老师及时地帮助你，最终实现共同进步。

三、任重道远，注重硕博培养

在硕士博士研究生的培养上，闫东鹏也有自己的策略和见解。总体来看，他有三大法宝。

第一大法宝，他非常注重学生课题的选择。"带研究生很重要的一方面就是所选的研究课题，如果能选择一些在这个领域中比较重要的问题并进行深入研究，无论是科学层面上还是工程技术层面上都具有先进的指导意义。选题的前瞻性和重要性是研究生未来发展的一个很重要的环节，选题的质量直接影响到未来三年或者是五年六年的学习。"闫东鹏一般都会建议刚进实验室的同学，不做难度过大的课题，因为他们本身的实践经验、知识结构、个人积累还相对薄弱，需要找一些合适的课题去研究，以此树立他们的自信心。但是，课题仍要保证创新性、前瞻性和挑战性并存。

第二大法宝，他致力于培养学生的问题意识。培养学生问题意识旨在锻炼其敏锐的洞察力，知道什么问题是重要的，明白解决这个问题之后可能带来的启示和启发。"找问题的能力比找答案更重要。"闫东鹏表示这种能力是基础理论学科发展的关键。与此同时，他经常向学生强调学习的整个过程都需要批判思维和问题导向。一方面，看文献要及时实现知识自身化，达到知识灵活迁移的境界。要及时去总结别人文献中的创新点，尝试用一句话概括文章的主旨，同时还要归纳出存在的弱点和不足之处，以便取长补短。另一方面，文献和经典的教科书要相辅相成地来看，要用一定的怀疑、批判、辩证的眼光去看待文献。"经典的教科书有助于我们理解一些基本的问题，因为物理和化学这样的学科有很多抽象的内容，看一些大家写的书，包括一些特别经典的书，会有助于我们更深刻、更形象地理解问题，更加清楚明白地认识问题。"

第三大法宝，是与学生真心交流沟通。闫东鹏也特别重视在科研过程中与学生的交流，他说："多交流对做科研是必不可少的。"除此之外，他经常会鼓励和支持学生多参加会议、论坛，与学界、业界的专家学者面对面的交流，让他们亲身感受，主动思考。他也会指导学生反思文献，与未曾谋面的作者去交流，让学生通过交流迸溅思想的火花。

"学习"是闫东鹏最常提到的一个词，向优秀的教师和前辈取经，从比赛中反思，通过教学提升，与学生交流探讨。从始至终，闫东鹏都将自己当作一名学习者。为教为师，闫东鹏珍惜每一次锻炼和学习的机会，始终秉着学习者和感恩者的心态，不断前进，获奖不是终点，而是他自我提升的开始。

寄语：我们学校培养学子的目标，一方面是塑造面向未来的卓越教师，另一方面则是培养各领域的拔尖人才，这两者可谓相辅相成、相得益彰。卓越的教师其本身也是拔尖人才，这两者在生活、学习、科研方面都需要做到精益求精，尽善尽美。我认为，未来想从事教师职业的同学目前需要跟上时代的先进教学理念，用发展的眼光去看待教学的改变，用国际化的视野去强化自己的学习内容，这就需要大家多读书、读好书。如果是未来想要从事科学研究，要多出去走一走、看一看，除了把基础知识学好之外还要尽早进入实验室。充分利用学校与学院为大家提供的学习和交流机会，在最好的年华找到自己的兴趣，找到自己的使命感，找到自己未来人生的定位，明确自己未来想做什么，只有这样，才能更好地去努力。

（文字：齐晨）

冯刚：改革开放以来高校思想政治教育工作的经验与展望

党的十九大报告强调，要全面贯彻党的教育方针，落实立德树人根本任务，发展素质教育，推进教育公平，培养德智体美全面发展的社会主义建设者和接班人。要贯彻落实这一精神，完成新时代赋予我们的光荣任务，就要科学地梳理思想政治教育史和思想政治教育学术史，进一步把握好新时代思想政治教育的时代特征、价值导向和发展动力，推动思想政治教育不断创新发展。

"BNU 思享者"诚邀北京师范大学思想政治工作研究院院长冯刚教授，漫谈改革开放以来高校思想政治教育工作的过往与未来。

人物卡片：冯刚，北京师范大学马克思主义学院教授、博士生导师，北京师范大学思想政治工作研究院院长，中国高等教育学会全国高校思想政治教育研究分会学术委员会主任、全国党建研究会常务理事。曾任北京市委教育工委宣教处处长、教育部高等学校社会科学发展研究中心主任、教育部思想政治工作司司长等职务。

一、回归与反思

师小萱：改革开放后高校思想政治教育工作的发展历程大致可以划分

为几个阶段？

冯刚：回顾改革开放40多年来波澜壮阔的历史画卷，高校思想政治教育取得了长足发展，积累和创造了十分宝贵的历史经验。回顾高校思想政治工作的历史轨迹，对于推进高校思想政治工作的科学发展，具有重要的理论价值和现实意义。

我认为改革开放后高校思想政治工作可以划分为恢复调整阶段（1978年至1989年）、加强改进阶段（1989年至2002年）、深化改革阶段（2002年至2012年）和全面创新发展阶段（2012年至今）四个阶段。在每个阶段，高校思想政治工作都紧扣时代要求，顺应时代特点，开展具体工作，完成了思想政治工作的阶段目标。

师小萱：各阶段都有哪些具体的成果体现或特征？

冯刚：每个阶段的成果都非常突出。

第一个阶段是恢复调整阶段（1978年至1989年）。党的十一届三中全会结束了自1976年10月以来党的工作在徘徊中前进的局面，重新确立了马克思主义的思想路线、政治路线和组织路线，我国社会主义现代化建设进入了一个新的历史时期。

首先，高校思想政治教育的重要地位重新确立。在党中央的高度重视下，教育部，共青团中央等部门先后出台并贯彻落实了《关于讨论和试行〈全国重点高等学校暂行工作条例〉（试行草案）的通知》（1978年），《关于加强高等学校学生思想政治工作的意见》《国家教委关于加强高等学校思想政治工作的决定》（1986年），《中共中央关于改进和加强高等学校思想政治工作的决定》（1987年）等重要文件，突出肯定了高校思想政治教育的地位和作用。

其次，高校马克思主义理论课逐步恢复。1978年，教育部办公厅印发《关于加强高等学校马列主义理论教育的意见》，提出马克思主义理论是社会主义各类高等学校的必修课。20世纪80年代也不断强调要改进和加强高等学校马列主义课程的教学工作。1985年，中共中央下发《关于改革学校思想品德和政治理论课程教学的通知》，并成立全国马克思主义思想理论课教材编审委员会，正式启动了高等学校思想理论教育改革的序幕。在此基础上完善了思想政治教育的课程体系，形成"85"方案。

再次，高校思想政治教育工作队伍恢复重建。1980年《关于加强高等学校思想政治工作的意见》强调，加强学生的思想政治工作，必须建立一支坚强的、有战斗力的政治工作队伍。1984年，中宣部、教育部联合印发《关于加强高等学校思想政治工作队伍建设的意见》，对专职思想政治工作人员政治素质和知识水平的基本要求、思想政治工作人员的来源和发展方向、培训、待遇、表彰等做出了明确规定。这期间，各校也先后设置了党委学生工作部，以加强高校思政教育工作。

最后，高校思想政治工作领导得到加强与改善。贯彻党和国家的教育方针，改进和加强思想政治工作关键在校、系两级领导。学校党委要加强对学生思想政治工作的领导，把它列入党委的重要议事日程。如《北京师范大学关于学生政治思想工作的几项规定》明确提出，学生思想政治教育工作，学校一级由一位副书记主管，具体由政治青年部负责；系党总支由一位副书记主管，团总支书具体负责，并同有关教师和干部组成学生工作组，经常研究学生思想政治工作。教学班设政治辅导员，并兼任党支部书记，同时配备班主任，做好"思想政治工作"；让任课教师多参与学生活动，了解学生思想动态。

第二个阶段是加强改进阶段（1989年至2002年）。从党的十三届四中全会到十六大，党中央对大学生的成长及高校思想政治教育给予高度关注，做出战略部署。教育系统积极应对新形势、新变化，整体规划大学德育体系，出台了加强和改进高校思想政治教育的系列文件与制度。

首先，高校思想政治教育体系得到了系统设计。1993年、1994年、1995年先后由相关部门权威发布的《中国教育改革和发展纲要》《中共中央关于进一步加强和改进学校德育工作的若干意见》《中国普通高等学校德育大纲》，对学校的德育体系做了整体规划，并指出其要遵循青少年学生思想品德形成的规律和社会发展的要求，根据德育工作的总目标，科学地规划各教育阶段的具体内容、实施途径和方法。还对高校德育的目标、内容、原则、途径、考评和实施做出了明确规定，全面系统地规划了有中国特色的高等学校德育体制，成为指导和规范高校思想政治教育的重要依据。

其次，高校思想政治教育改革得到有效推进、发展。国家先后出台《关于加强和改进高等学校马克思主义理论教育的若干意见》（1991年）、《关于高校马克思主义理论课和思想品德课教学改革的若干意见》（1995年）等文件，深入推进高校马克思主义理论课和思想品德课教学改革，把高校"两课"打造为高校思想理论教育的主渠道和主要阵地。

最后，思想政治教育的路径和高校思想政治教育的阵地、载体和途径也不断丰富拓展。1992年，中共中央办公厅、国务院办公厅转发中宣部、国家教委、共青团中央《关于广泛深入持久地开展高等学校学生社会实践活动的意见》的通知，要求把社会实践活动列入高等学校的教育计划。1996年，中宣部、国家教委、共青团中央下发《关于深入持久开展大学生社会实践活动的几点意见》，社会实践成为大学生思想政治教育的重要途径。同时，基于研究生教育的不断发展，教育部出台《关于加强和改进研究生德育工作的若干意见》，明确德育是研究生教育的重要组成部分，在研究生的全面培养中具有不可替代的作用。

第三个阶段是深化改革阶段（2002年至2012年）。从党的十六大到十八大前，我国高校思想政治教育进入积极开拓、深化改革的时期。党中央从"培养什么人、如何培养人"的战略高度，对大学生思想政治教育做出了系统部署和制度安排。

首先，注重对大学生思想政治教育的总体规划。2004年，中央发布

《关于进一步加强和改进大学生思想政治教育的意见》，构建了较为系统化、科学化的高校思想政治教育政策体系，从制度设计上有力地推进了高校思想政治教育的创新发展。

其次，不断加强思想政治理论课和思想政治教育学科建设。2004年，2005年，先后发布的《中共中央关于进一步繁荣发展哲学社会科学的意见》《关于进一步加强和改进高等学校思想政治理论课的意见》等文件对新形势下加强和改进高等学校思想政治理论课的重要性、指导思想和总体要求进行了系统阐述。同年，《关于调整增设马克思主义理论一级学科及所属二级学科的通知》，决定在《授予博士、硕士学位和培养研究生的学科、专业目录》中增设马克思主义理论一级学科及所属五个二级学科，思想政治教育成为马克思主义理论一级学科下设的二级学科。

再次，注重各项工作长效机制构建。中央出台了《关于进一步加强和改进大学生思想政治教育的意见》，一体化设计思想政治教育体系。随后，为贯彻落实中央精神，教育部、团中央等部门出台了《关于进一步加强和改进高等学校共青团建设的意见》《普通高等学校学生管理规定》《普通高等学校辅导员队伍建设规定》进一步丰富了思想政治教育的载体和途径，思想政治教育政策的连续性和可操作性特征明显。

最后，着重建立工作标准，注重质量和实效。先后出台了《高等学校思想政治理论课建设标准（暂行）》《普通高等学校学生心理健康教育工作基本建设标准（试行）》《全国大学生思想政治教育工作测评体系（试行）》等文件着重加强高校思想政治教育工作标准的研究与建立，积极探索思想政治教育各项工作在不同的发展阶段应有的状态，为思想政治教育发展找好定位，为完成"树人"使命、实现育人目标探寻方向。

第四个阶段是全面创新发展阶段（2012年至今）。党的十八大以来，以习近平同志为核心的党中央审时度势、高瞻远瞩，从推进伟大事业、建设伟大工程、进行伟大斗争、实现伟大梦想的高度，从培养中国特色社会主义合格建设者和可靠接班人的高度,对新形势下加强和改进高校思想政治工作出台了一系列重大方针政策,推出了一系列重大举措,推进了一系列重大工作。

首先,加强高校思想政治工作的顶层设计、系统谋划。先后召开了全国宣传思想工作会议、全国高校思想政治工作会议、全国教育大会,出台了《关于加强和改进新形势下高校思想政治工作的意见》等重要文件。其次,积极培育和践行社会主义核心价值观,并将其落实到教育教学和管理服务各环节。最后,狠抓思想政治理论课质量提升。2015年,教育部实施普通高校思想政治理论课建设体系创新计划,整体推进教材、教师、教学等方面综合改革创新,坚持全流程管理,贯穿思想政治理论课课前、课中、课后各环节。2019年,中央专门召开学校思想政治理论课教师座谈会,印发了《关于深化新时代学校思想政治理论课改革创新的若干意见》等重要文件,推动高质量办好新时代高校思想政治理论课,不断提升大学生对思政课的获得感。

二、改革与创新

师小萱:改革开放40多年以来,中国各个领域发生了翻天覆地的变化,您觉得改革开放对高校思想政治教育工作产生了什么影响?

冯刚:我觉得影响主要体现在两部分,一是实践探索,二是理论的凝练。

改革开放40多年来,党中央高度重视高校思想政治工作,做出了一系列重大决策安排,各地各高校认真贯彻党中央决策部署,做出了许多富有价值的实践探索。

第一,党的创新理论指引思想政治工作发展方向。

思想政治工作最重要的特征就是坚持以党的创新理论为指导,最重要的任务就是坚持用党的理论创新成果教育师生。党的理论创新成果是推动思想政治工作创新发展的动力源，是确保思想政治工作沿着正确方向健康发展的指南针。改革开放以来，我们党始终坚持把马克思主义基本原理同中国具体实际相结合，紧密结合时代条件和实践要求进行理论探索，取得了一系列重大理论创新成果，为坚持和发展中国特色社会主义提供了思想武器和行动指南，也为高校思想政治工作不断向前发展提供了理论指导和根本方向。

第二，思想政治工作有力保障高校社会主义办学方向。

改革开放40多年来，党对高校的领导和高校党建工作不断加强、工作机制不断建立健全，高校领导班子和党员队伍建设不断加强，师生党员队伍不断壮大，高校基层党组织建设不断健全，数据表明，每年全国新发展党员中，超过1/3是在高校发展的，其中绝大部分是在校大学生，高校成为坚持党的领导的坚强阵地。

第三，围绕立德树人根本任务组织实施思想政治工作。

高校立身之本在于立德树人。改革开放以来，高校思想政治工作坚持围绕落实立德树人根本任务，不断充实调整思想政治教育内容，拓展工作阵地，创新方法途径，更新技术手段，逐步构建起较为科学完善的高校思想政治工作任务、内容、方法体系。一是构建起完善的任务内容体系；二是构建起完善的课程体系；三是构建起完善的日常思想政治工作体系。

第四，思想政治工作队伍力量不断壮大加强。

一是明确了思想政治工作队伍的身份、地位和重要作用。二是思想政治工作队伍规模不断壮大。三是建立了思想政治工作队伍选拔、培养和管理机制。

经过多年努力，专业化培养、多样化发展、规范化管理的有中国特色的高校思想政治工作队伍建设格局基本形成，以党政干部和共青团干部为核心、以辅导员和班主任为骨干、以思想政治理论课教师和哲学社会科学课教师为主体的高校思想政治工作队伍基本形成，为加强高校思想政治工作提供了有力的组织保证和人才支撑。

师小萱：这些实践探索为高校思想政治工作提供了重要的支撑，在理论升华方面，高校思想政治工作又有哪些成果呢？

冯刚：40多年来，围绕高校思想政治工作的基本问题、基本规律、内涵理念、学科建设等重要议题积极探索创新，取得了许多开创性成就。

第一，不断深化对中国特色社会主义教育事业根本问题的回答。

一是明确回答了高校思想政治工作"为谁培养人"的问题；二是深刻回答了高校思想政治工作"培养什么人"的问题；三是科学回答了高校思想政治工作"如何培养人"的问题。

而"为谁培养人""培养什么人""如何培养人"，是我国社会主义教育事业发展中必须解决好的根本问题。改革开放以来，我们党紧紧围绕这一根本性问题，对高校思想政治工作进行了深入研究和探索，形成了丰硕的理论成果。

第二，不断深化对高校思想政治工作基本规律的探索。

思想政治工作是一门科学，有其自身固有的客观规律。改革开放40多年来，我们党不断深化对思想政治工作规律的认识，学术界和实践工作者积极探索研究，对思想政治工作主要矛盾、基本规律的把握和运用不断成熟。这些规律性认识为思想政治教育学科建设奠定了坚实基础，也为高校思想政治工作实践提供了科学理论指导。

第三，不断丰富创新思想政治工作理念内涵。

思想政治工作理念是思想政治工作在哲学层面的思考认识，是对一定时代思想政治教育运动发展的本质表征、思维范式、现实指向和理想原则的高度概括。思想政治工作理念创新是思想政治教育学科建设、理论深化和实践发展的思想引领。这些科学的理念是指导高校思想政治工作的原则性要求。

第四，不断完善马克思主义理论学科体系支撑。

改革开放以来，马克思主义理论学科建设不断发展，经历了一个从小到大、从低级到高级，逐步形成独立、完整的学科体系的发展过程。

经过40年努力，马克思主义理论学科建立了基本合理、覆盖面广的学科点布局，形成了层次比较齐全、结构比较合理、相对独立的学科体系，培育了一支老、中、青相结合的学术队伍，推出了一批本学科的重要理论著作，在推进马克思主义中国化、繁荣我国哲学社会科学、巩固马克思主义在意识形态领域的指导地位方面发挥了极其重要的作用。

师小萱：习近平总书记在党的十九大报告中指出："经过长期努力，中国特色社会主义进入新时代，这是我国发展新的历史方位。"如何贯彻落实这一精神，推动思想政治教育不断创新发展？

冯刚：思想政治教育是一门与国际国内形势以及经济社会发展紧密关联的学科，时代发展、国家进步、理论创新都会对思想政治教育产生直接或间接的影响。

因此，首先要明确思想政治教育发展面临的新的时代特征。其中较为突出的有三个方面。一是思想政治教育视野从内向走向开放，多元中立主导的自信越来越强。马克思曾指出："理论只要说服人，就能掌握群众；而理论只要彻底，就能说服人。所谓彻底，就是抓住事物的根本。"思想政治教育的本质属性是意识形态性，关键是政治方向，根本是立德树人。二是讲好中国故事的实践基础越筑越牢，思想政治教育的实效性和说服力有了实践支撑。讲好中国故事是时代使命，是思想政治教育自我表达的行为，具有深远的时代内涵与全球意义。三是文化的影响力越来越凸显，思想政治教育的创新发展必须依靠文化的育人力量。思想政治教育是具有文化底蕴、体现文化内涵的一项系统工程，实现着政治性、科学性、人文性的高度统一，表现出强烈的渗透、融入、过程性特点。在理论与实践层面，文化与思想政治教育间均具有明显的耦合互动关系，两者不仅在精神实质、价值取向和教育功能上保持内在一致性，坚定文化自信对于加强和改进新形势下思想政治教育具有特殊的根本性意义。

第二，要明确新时代思想政治教育的价值导向。思想政治教育的价值导向，是始终贯穿思想政治教育理论研究和实践工作的主线，是思想政治教育区别于其他学科和工作的最根本特征之一。

个体层面要聚焦人的全面发展。思想政治教育在个体层面的价值导向，主要体现在价值引导和价值选择两个方面。思想政治教育在大学生个体层面的价值越来越凸显其重要性。新时代思想政治教育应当更多从微观层面的大学生本体出发，让学生们通过接受理想信念教育、思想道德教育等方面，扣好人生第一粒扣子，建立起自己的价值观念与行为准则，并在学习与实践中不断地深化与提升，最终形成善良的道德情感、正确的道德判断、自觉的道德实践，以正确的世界观、人生观、价值观规范自身行为，自觉成长成才。

社会层面要聚焦社会和谐发展。作为国家主流政治思想和价值观念的意识形态教育，思想政治教育在人学视域外，还必须基于特定的政治社会关系，成为社会主流意识形态构建和价值引导的积极的政治实践活动。当前，社会主义核心价值观根植于中国特色社会主义伟大实践，是习近平新时代中国特色社会主义和当代中国精神的价值表达和集中体现，凝结着全体人民的共同价值追求。因此，思想政治教育要做到主流价值引领，负起培育和践行社会主义核心价值观的重要使命，坚持将社会主义核心价值观贯穿于教育教学和日常工作的全过程。

文化层面要聚焦文化传承发展。思想政治教育本身具有满足教育对象文化需要的功能，是用社会主导的文化理念来教育引导人们形成正确的思想和行为的过程。此外，思想政治教育不仅是文化价值的需求者，还是文化价值的承担者，承载着文化传承发展的重要功能，为文化发展和文化传播提供着重要导向和动力作用。

在习近平新时代中国特色社会主义先进文化的导向性和指引力条件下，结合时代发展要求，坚持继承性转化、创新性发展，最大限度地彰显思想政治教育的文化价值，才能真正使以文化人以文育人的时代任务得以实现。

第三，要明确新时代思想政治教育的发展动力。思想政治教育的发展动力是推动其实现"螺旋式上升"的力量来源。

首要逻辑起点应是学生成长成才需要与思想政治教育目标的一致性。习近平总书记在全国高校思想政治工作会议上指出，思想政治工作从根本上说是做人的工作，必须围绕学生、关照学生、服务学生，不断提高学生思想水平、政治觉悟、道德品质、文化素养，让学生成为德才兼备、全面发展的人才。同时，他强调，要教育引导学生正确认识世界和中国发展大势，正确认识中国特色和国际比较，正确认识时代责任和历史使命，正确认识远大抱负和脚踏实地。这"四个正确认识"是青年学生健康成长成才的需求，也是当前思想政治教育的重要目标。正确理解二者的一致性，是我们当前及今后开展思想政治教育的重要前提和逻辑起点。

动力之源是青年学生成长成才需求与思想政治教育发展不平衡不充分之间的矛盾。改革开放以来，思想政治教育发展取得了丰硕成果，如育人主体多元，育人场域多样，育人方式多变，等等。但同时，由于供给结构发生了新的变化，高校育人系统的构建出现了很多协同发展不够、发展不平衡不充分的问题，比如，专职思想政治教育队伍内部协同发展不够，专职队伍和兼职队伍协同发展不够，家庭、学校、社会间的协同发展也不够等。所有这些协同发展不够、发展不平衡不充分的问题，本质上都反映出一种需求和供给之间的矛盾，成为推动思想政治教育创新发展的动力之源。

发展路径是关照需求，持续完善思想政治教育制度设计、机制运行和质量评价。目标设计要关照学生成长发展需求，把学生的成长发展需求放在更加重要的位置,满足学生成长发展需求和期待,从而提升受教育者在工作机制运行中的内在驱动力。运行方式要关照学生成长发展需求。在思想政治教育机制运行过程中存在多个要素,如话语体系、组织形式、管理方式和宣传途径等,都要真正符合青年学生的成长特点,遵循思想政治工作规律和教书育人规律。评价标准和方式要关照学生成长发展需求。不仅要将是否促进了学生的成长成才、全面发展纳入思想政治教育评价体系,而且要将其放在更加重要的位置。继而树立一种新的评价理念,明晰思想政治教育评价的根本遵循,坚持实践指向、导向明确、关照整体、设计科学的原则,建构一套系统的、科学的、可操作的、长效的、分层分类的质量评价体系。

三、展望与期待

师小萱:展望未来,您认为,现阶段思想政治教育学界应该关注哪些热点和重大理论问题?

冯刚:研究热点问题必须研究热点的变化特征。因为思想政治教育学科是理论性与实践性高度统一的学科,思想政治教育的研究热点与党和国家的建设、改革事业同步,与我国历史发展同向同行。

思想政治教育研究热点也在积极反映我国鲜活生动的改革发展大势。多年来,聚焦国内外发展环境、青年学生时代发展特征、新时代教育载体和方法、质量评价、政策设计等问题的深入研究,充分反映了改革开放以来中国发展的客观实际,成为推动习近平新时代中国特色社会主义事业不断发展的重要助力。

新时代以来,结合国内外发展的阶段性特征,在党的理论创新的科学指引下,思想政治教育热点研究集中于高校思想政治理论课的教学模式研究、教学队伍建设研究、教学质量评价研究以及学科交叉视域下的高校思想政治理论课教学研究等方面,聚焦于思想政治教育的内涵式发展,寻求思想政治教育质量提升的科学路径。

师小萱：今后的思想政治教育工作应如何展开？

冯刚：理论创新和发展层面。第一，思想政治教育工作首先必须打牢理论研究基础。党的十八大以来，以习近平同志为核心的党中央高度重视思想政治工作，先后召开全国高校思想政治工作会议、全国教育大会、学校思想政治理论课教师座谈会等重要会议，深刻指出做好高校思想政治工作，要总结经验、把握规律，要因事而化、因时而进、因势而新，这要求新时代思想政治教育学科必须打牢理论研究这一基础。

第二，要完善理论框架，体现中国改革开放伟大实践特征。社会总是处在一个不断发展、不断变革的过程中，要保证思想政治教育始终能够适应社会的发展，满足社会的需要，其内容就必须不断更新、不断发展，并形成一套完整的现代化的知识体系。

第三，思想政治教育基础理论要解决实践中的新问题。改革开放以来，面对新的世情、国情、党情，结合教育对象的时代特征、客观实际以及发展需求，对其进行切实有效、有针对性的思想引导，要重视思想政治教育实践领域出现的新问题，坚持问题导向，把握实践前沿，在实践领域的现实需求中丰富和深化思想政治教育基础理论。

第四，要在研究热点中体现价值指向。思想政治教育工作者要做有思想的行动者。习近平总书记强调"让有信仰的人讲信仰"，这要求思想政治教育工作者要在坚定的政治信仰的基础上，做到知行合一。为此，思想政治教育工作者既要做到密切关注实践领域的新情况、新问题、新挑战，又要努力提升理论思维和研究能力，在理论与实践的结合中，全面提升自身的职业素养和专业能力。

第五，思想政治教育研究不仅要关注前沿，追踪热点，在善于把握理论研究和实践探索的前沿问题，聚焦学科发展过程中的重点、难点、热点问题的同时，加强思想政治教育热点研究的成果转化。为思想政治理论课创新发展、更好地培养担当民族复兴大任的时代新人提供理论支撑和智力保障。

教学和实践层面。第一，要在人才培养体系中构筑高校思想政治工作体系。习近平总书记在北京大学考察时提出，要把形成"高水平人才培养体系"作为高校应当抓好的三项基础性工作之一。"人才培养体系涉及学科体系、教学体系、教材体系、管理体系等，而贯通其中的是思想政治工作体系。加强党的领导和党的建设，加强思想政治工作体系建设，是形成高水平人才培养体系的重要内容。"

第二，要在合力育人、协同育人中实现价值引领。思想政治工作是一项系统工程，需要统筹宏观、中观、微观各个维度，协调系统内外各方面要素，协同发力，同向同行，着力构建一体化育人体系。习近平总书记指出，高校思想政治工作是党领导高校工作的具体体现，也是开展高校党的建设的重要抓手。要统筹党建工作和思想政治工作，加强和改进高校党的建设，抓好高校党建各项任务，切实把全面从严治党各项要求落实到高校党建工作中去。

第三，在解决思想问题与解决实际问题的结合中满足学生成长发展期待。思想政治工作不是空洞的说教，不能就思想问题谈思想问题，必须从人的实际情况、现实需要出发，既讲道理又办实事，既以理服人又以情感人。高校思想政治工作要立足大学生群体性特征，着眼大学生成长中的困惑、学习生活中的困难、现实中遭遇到的困境，关注大学生的思想状况和具体诉求，提高工作的精细度、施测的精准度，在帮助学生解决实际困难中廓清思想认识问题，有的放矢地开展工作。

第四，要在高校思想政治工作中增强文化的力量。习近平总书记指出："要化解人与自然、人与人、人与社会的各种矛盾，必须依靠文化的熏陶、教化、激励作用，发挥先进文化的凝聚、润滑、整合作用。"让师生在潜移默化中滋养心灵、涵育品行，达到春风化雨、润物无声的效果。

第五，要在加强思想政治教育基础理论研究中提升工作质量。在进一步深化思想政治教育基础理论的同时，坚持问题导向，关注思想政治教育实践领域的重点、难点问题，并且要善于将理论创新成果积极运用到高校思想政治工作实践当中。

这样才能将实践成果和工作经验上升为理论认识，使思想政治教育理论研究既能继承历史经验，又能结合时代特征，使基础理论能够更加有效地为高校思想政治工作实践服务，进而推动高校思想政治工作和思想政治教育基础理论协调、全面发展。

改革开放：春风润物细无声

编者按：为纪念我国改革开放40周年，继承和弘扬改革开放精神，总结历史经验，加快推动学校"双一流"建设，党委宣传部举办了"改革开放四十载，奋斗逐梦新时代"主题征文活动。"BNU思享者"择选优秀征文，即日起陆续刊登。

春风润物细无声

2016级法学卓越实验班本科生　章琦

知乎上有一个很热的问题是："中国发展有多快？"

排在比较靠前的一位回答者是美国西北大学的博士后海柏利安，他这样说道："祖父给地主放羊，一辈子不识字，生活范围大概是村子周围三十里。父亲高中毕业，回到村里的小学教书，生活范围大概是镇子或市县里的方圆百里。我实在也不是谦虚，我一个少数民族山区的农村娃，怎么到北京做科研来了呢？"前美国有线电视新闻网北京分社社长吉米·福罗库兹（Jaime Flor Cruz）在总结中国40年的变迁的时候这样说道："我想用一个词能概括它，那就是'选择'……"

教育的选择性

家里有一张母亲初中毕业时的照片，照片中母亲穿着深灰色的上衣，被水洗得泛着白光，脸上挂着说不上什么感觉的表情。母亲说，这张照片的拍摄意味着她将与她的学生生涯彻彻底底地分别，而下一步将会去哪里，没有人能够告诉她，那一年她不过15岁而已。

《往事与随想：永远的1977》是北京大学出版社2007年整理出版的关于几十位77级学生的高考回忆。1977年10月22日，《人民日报》刊登了教育部负责人答记者问，正式宣布恢复高考。规定凡是工人、农民、上山下乡和回城知识青年、复员军人和应届毕业生，具备高中毕业或与之相当的文化水平均可报考。这个消息一夜之间在所有原本已经死寂的心灵中传递开来。据统计，当年的报考人数是570万，录取人数仅有27万，这意味着录取率只有4.7%。这同时也说明，每一个"成功者"背后，都有20个"落选者"，有一个人圆梦，就有20个人梦碎。

那个时候，教育资源的匮乏与发展的不均衡性，造成了个体与时代的悲剧。一位终究没有参加77年高考的矿工是这样回忆的。当时听到恢复高考的消息传来，本以为可以圆自己的大学梦，但随之而来的文件又让他举棋不定。因为那时他还是个工龄不够的工人，即使考上大学，也是不带工资的。那时他已经有个5岁的女儿，妻子又有孕待产，没有工资，养活不了一家人。最终，思前想后，他决定不参加高考，而这最后也成为他终身遗憾。

在1982年颁布的《中华人民共和国宪法》中，第十九条规定："国家鼓励集体经济组织、国家企业事业单位组织和其他社会力量依照法律规定举办各种教育事业。"这一政策的先进性与国际接轨，第一次以法律的形式正式确立了民办教育的地位。1992年，邓小平同志南方谈话，民办教育进一步发展。党的十四大报告中指出："要鼓励多渠道、多形式社会集资办学和民间办学，改变国家包办教育的做法。"1993年中央颁布《中国教育改革发展纲要》，强调要"改变政府包揽办学的格局，逐步建立以政府办学为主体，社会各界共同办学的体制"。2013年，国家启动义务教育发展基本均衡县（市、区）督导评估认定工作，进一步强调教育公平，到2018年高考录取率约为80%⋯⋯

志业的选择性

2018年《财富》世界500强榜单中,中国公司达到120家,已经非常接近美国126家,远超第三位的日本52家。作为衡量全球大型公司的著名榜单,自1995年,《财富》世界500强排行榜同时涵盖了工业企业和服务型企业以来,中国是上榜企业数量增长最快的国家。

中国政府在2018年的工作报告中提出:"加快崛起的新功能,正在重塑经济增长格局、深刻改变生活方式,成为中国创新发展的新标志。"英国《金融时报》在2017年刊文指出,中国经济得以飞速发展除了市场巨大、国内企业发展环境好之外,更重要的原因是中国政府实施创新驱动发展战略,而中国新生代企业家在"双创"计划激流下勇于创新。在2018年"彭博全球创新指数排名"中,中国上升至第十九位。美国彭博社称,中国排名上升是因为劳动力构成中科技和工程人才所占比例不断上升,创新型企业获得的专利数量不断上升。《日本经济新闻》也在报道中提到日本应该考虑学习中国发展高科技企业的经验。

在这样的大环境之下,个人工作选择更加多元化。国家统计局在今年9月发布的《改革开放40年经济社会发展成就系列报告》显示:2017年末,我国城乡就业人员总量达到77640万人,比1978年增加37488万人,增长93%;城镇就业人员总量达到42462万人,比1978年增长346%;失业率长期保持较低水平;报告显示,20世纪从80年代中期到世纪末,城镇登记失业率一直保持在3.1%以下,部分时期一度处于2%左右的低水平。进入新世界以来,城镇登记失业率基本维持在4.3%至4%之间的较低水平,2017年降至3.9%。2017年,城镇非私营单位就业人员平均工资达到74318元,1979年至2017年年均增长率达到13.1%,扣除物价因素,比1978年实际增长16.7倍,年均实际增长7.6%。

社会整体进步,经济持续不断发展,一批批有为青年在国家与社会的支持之下开始了自己的奋斗。改革开放大浪潮下,中国企业蓬勃发展,网易创始人兼 CEO 丁磊在接受采访时讲到改革开放催生的创业潮是企业发展的源动力,他坦言:"这个事情也只能在中国发生,在美国发生不了,在印度也发生不了。因为中国是全球的工厂,只有中国是产业链最完善的地方,只有中国才有这种创新的土壤和机会。"改革开放催生着中国互联网从无到有、从有到优,从跟随世界到引领世界。与此同时,改革开放为青年营造了良好的创业氛围,尤其是十八大以来,国家全面推动创新驱动发展战略,相应政策纷纷落地,"放管服"改革让创业者和企业家更有获得感;习近平总书记提出的"亲"和"清"的政商关系,让创业者更有精力去通过创新推动企业发展。

情感的选择性

曾经在美国社交软件 Quora 上有一个关于中国的问题异常火爆,问题是"How safe is China?"这个问题引来了五湖四海的朋友们前来回答,答案中点赞数居多的回答非常一致:中国太安全了!点赞最多的是一位常年住在北京的外国朋友,他说:"我在北京已经生活了 15 年,从来就没感觉有什么危险。"

2011 年,利比亚局势动荡,战争一触即发,为保护在外的侨胞,中国调动了 182 架次中国民航包机、5 艘货轮,动用了 4 架军机,租用 20 余艘次外籍邮轮,把 35860 名中国公民从利比亚安全接回了家。对于此次撤侨,美国外交关系委员会网站专门发表中东问题的专家艾略特·阿伯拉姆斯(Elliot Abrams)写了一篇题为《谁是超级大国?来自利比亚的教训》的文章。他认为,中国坚决维护本国公民,并派出军舰为撤侨船只护航的行为,比"含蓄及谨慎"的美国更像一个"超级大国"。

有一种感动,叫做国家带我回家。类似的事件还有很多:2006 年 4 月所罗门骚乱,撤出 310 名侨胞;2008 年 1 月乍得战乱,撤出 300 名中资机构人员;2009 年 1 月海地地震,撤出 48 名中国公民;2010 年 6 月吉尔吉斯斯坦骚乱,撤出 1299 名中国公民;2011 年 2 月埃及局势紧张,撤出 500

名中国公民；2015年也门内战爆发，国家积极展开撤侨行动；2016年新西兰地震，撤出125名中国游客；2017年飓风"玛利亚"横扫加勒比海岛国多米尼克，我国外交部立即启动应急机制，部署驻多米尼克使馆及驻周边国家的使馆采取措施，紧急协助在多米尼克同胞转移……外交部领事司司长黄屏表示："中国护照的含金量不仅在于能让你面签去多少国家，也在于碰到麻烦和危险的时候，祖国能够带你回家。"

《马克思恩格斯全集》第2卷第104页写道："历史活动是群众的事业，随着历史活动的深入，必将是群众队伍的扩大。"自改革开放以来，中国传统家国天下的思维，以社区为家，以城市为家，以国为家，以天下为家，也在实践中被一步步得到肯定。

一个人的命运当然要靠自身的奋斗，但同时也离不开时代的进程。我们这一代中国青年，何其有幸地见证并承载了中国社会跨阶段的发展。改革开放的巨大发展浪潮是个人成就自己梦想的更好契机，其导致的选择多元化，为我们提供了无限的可能性。

国家的发展与进步，拓宽了我们想象的边界，让我们可以去探索更多的可能性，它如同春风，以润物细无声的方式塞满我们生活的全部。让我们一起见证幸福，见证奇迹！

木桶原理：补上你的短板！ | 理论知乎

一只由长短不一的木板条箍制而成的木桶，能装多少水？

这与最长的木板无关，甚至与木板的平均长度也无关，它完全取决于最短的那一块木板，这就是大名鼎鼎的"木桶原理"。

作为世界上最著名的管理学理论之一，木桶原理的提出已经过去了半个多世纪。20 世纪 60 年代，美国著名的管理学家——劳伦斯·彼得（Laurence J. Peter）在其著作中指出：多块木板构成的水桶，其价值在于盛水量的多少。如果这只桶的木板中有一块不齐或某块木板下面有破洞，这只桶就无法盛满水。他曾向通用汽车公司提出："一个公司就是一个木桶，公司集体的力量就是木桶的容量，它并不是仅依靠几个特别优秀的精英骨干就可以体现出来的，要想使木桶的水量增加，只有换掉短板或将短板加长。"因而这一原理也可称为短板效应。

作为一个形象化的比喻，"木桶原理"可谓是极为精巧和别致的。随着它被应用得越来越频繁，其已经基本由一个单纯的比喻上升到了理论的高度。这由许多块木板组成的"木桶"不仅仅可以象征一个企业、一个部门、一个班级，也可象征某一个员工，而"木桶"的最大容量则象征着整体的实力和核心竞争力。

如果我是国王，我的权力在哪里？我能宣战吗？我能组建政府？提高税收？都不行！可我还是要出面坐头把交椅，就因为整个国家都相信我的声音代表着他们。

但我却说不出来。

——《国王的演讲》

艾伯特王子度过了"自由而无用"的40个年头。

尽管无法和兄长受到的关注与宠爱相提并论,但作为乔治五世和玛丽皇后的第二个儿子,他依然拥有一个富足的少年时期。

如同每一个无心于王位的王室成员一样,他参加了皇家海军,娶了一位美丽优雅的妻子,成为两个女孩的父亲。

与兄长爱德华八世相比,他腼腆、内向、不善言辞,甚至还有一个要命的短板——口吃。

然而,时代巨变裹挟着的风暴终究影响到了昔日的日不落帝国。

1936年,旧王逊位,新王当立。谁承想,曾经被寄予厚望的哥哥在继位仅仅325天后便匆匆搬离了白金汉宫,而一个本应被遗忘的王子却被推到了历史的舞台前。

所谓政治人物,大多有着一副好口才。拿破仑有"蒙特诺特战役演讲";麦克阿瑟谈论"老兵不死,只是凋零"。而彼时的艾伯特王子,此时的乔治六世,甚至无法在他的国民面前照本宣科式地念出完整的句子。

那是一个大厦将倾的年代。乔治六世不仅要面对衰退的经济,更为紧迫的是要对抗日益猖獗的法西斯势力。战火将燃,为了能够给英国国民以鼓励,这个曾经怯懦的王子,从阴影中走了出来,逐渐长成了一个国王的样子。

为了克服口吃的毛病,乔治六世及其妻子四处求医,在几乎尝试了一切方法之后,他们终于迎来了来自澳大利亚的语言治疗师——莱纳尔·罗格(Lionel George Logue)。电影《国王的演讲》还原了这一过程,乔治国王如同一个学语的孩童又似是一个最虔诚的学徒,他从最简单的发音学起,到一个单词,一个长句,一篇演讲。

"没有人先天性的口吃。"

在夜以继日的训练下，尽管乔治六世没有完全克服口吃，但他最终克服了演讲的恐惧，并在历史上留下了鼓舞人心的圣诞演讲，成为二战时期英国人重要的精神支柱。

理论启示

1. 正视短板，完善自我。要敢于正视自己人生的短板并且努力实现自我提升，要知道短板不是人生的"污点"而恰恰是人之潜力所在，是实现自我、提升自己的突破口。

2. 精诚团结，优势互补。同坐一条船之人，各有所长，必须相互依赖扶持。假设组织内部一盘散沙，短板效应明显，更遑论成功地创立佳绩及伟业。

书籍推荐

1.《梯子定律》[（美）劳伦斯·彼得]

2.《世界上最伟大的管理法则》[（英）西里尔·诺斯古德·帕金森，俞慧霞]

参考文献：

[1] 王欢欢. 浅析木桶原理及衍生理论对企业培训管理的指导 [J]. 现代企业文化，2017（23）.

[2] 李大洪. 从木桶原理谈员工管理 [J]. 现代管理科学，2002（11）.

[专家顾问：孙宇　文字：孟昕　部分文字来源：电影《国王的演讲》（乔治六世传记电影）]

摒弃零和博弈，走向合作共赢 | 理论知乎

零和游戏（Zero-sum Game），又称零和博弈，在一项游戏中，游戏者有输有赢，如果一方所赢正是另一方所输，正负相抵，那么游戏的总成绩将永远为零，故而将其称之为零和游戏。

零和游戏之所以受到广泛关注，究其原因，是人们逐渐发现社会生活的方方面面都暗藏着"零和游戏"的影子，从个人到社会，从政治到经济，似乎无不验证了世界正是一个巨大的"零和游戏"场，一将功成万骨枯，公众往往只关注胜利者的荣光却忽视其背后巨大牺牲，以及失败者的泪水与苦涩。

零和游戏起源于博弈论，现代博弈理论由匈牙利大数学家冯·诺依曼（John von Neumann）于20世纪20年代创立，而零和博弈正是博弈过程的最基本模型之一。

换句话说，在这一游戏规则下，"利己"终究是凌驾于"损人"之上，游戏双方难有合作的可能。

有一则关于零和游戏的笑话曾经广为流传：有两个经济学家，在马路上散步，顺便讨论经济问题，路遇一堆狗屎，甲经济学家对乙经济学家说："你把它吃了，我给你100万。"乙经济学家思索片刻后答应了这个要求，并获得了报酬。没走几步，又遇到一堆狗屎，乙经济学家提出了相同

的要求，甲经济学家也没有抵御住金钱的诱惑，事成之后，乙经济学家将甲刚才给予的 100 万还给了他。故事并没有结束，走着走着，乙经济学家回过神来："不对啊，我们谁都没有挣到钱，却吃了两堆狗屎。"甲经济学家思索了一会儿说道："可是，我们创造了 200 万的 GDP 啊！"

从 20 世纪以来，人类经历两次世界大战、经济高速增长，科技进步、全球一体化以及日益严重的环境污染，零和游戏观念正逐渐被双赢观念所取代。人们开始认识到利己不一定要建立在损人的基础上。通过有效合作皆大欢喜的结局是可能出现的。

1987 年，沃尔玛与宝洁公司的合作关系走到破裂的边缘。这是 1962 年的沃尔玛人绝对不会想到的事。彼时，事后称霸全球市场的零售业巨头正在为第一家折扣店的开张而四处奔忙，也是在那一年他们开始选择宝洁作为其最大的日化用品供应商，这场全球化商业历史上著名的合作开始得这样无声无息。从 20 世纪 60 年代到 80 年代，为了在"你死我活"的零售业市场中杀出一条血路，沃尔玛不断压低进口折扣，致力于通过采购及人力成本的降低，实现最大程度的利润挖掘。1980 年，沃尔玛全年利润攀升至 4120 万美元，为 10 年前的 25 倍，在零售业市场霸业初成。

"我们没有永恒的朋友，也没有永恒的敌人，只有永恒的利益。"

——温斯顿·丘吉尔

20 世纪 60 年代末起，为了争夺供应链的控制权，沃尔玛与宝洁展开了激烈的商战。沃尔玛期望采用强势的价格的策略，竭尽所能压缩进货价格。宝洁态度强硬，凭借其强大的营销实力，严格控制下游经销商和零售商。沃尔玛以清退下架的做法威胁宝洁让步。宝洁以停止供货进行反击。唇枪舌剑、笔墨官司，从商业纷争延伸到公关争斗，从人身攻击到对簿公堂，数十年的对抗给双方的企业形象都造成了较大的负面效应。

1987 年 7 月，在解约与续约的路口，思虑再三，宝洁迈向了和解的第一步。宝洁公司副总裁路·普立特切特（Lou Pritchett）通过朋友的关系以旅游的形式与沃尔玛的老板山姆·沃尔顿（Sam Walton）进行会晤。

1987年下半年，宝洁和沃尔玛开始了新合作关系的历程。双方组成由财务、物流、生产和其他各职能部门组成的约70人的专门合作团队，沃尔玛公司借助先进的信息技术实行信息共享，对整个业务活动进行全方位的协作管理。

1989年，沃尔玛针对宝洁公司的纸尿裤产品构筑了JIT（Just In Time，及时）型的自动订发货系统，通过信息手段做到了连续自动补货、电子结算，大大缩短了商品流通的时间和传统财务结算的烦琐程序，取得了合作关系的实质性突破。

这一次合作对双方都产生了显著的绩效。沃尔玛店铺中宝洁公司的纸尿裤商品周转率提高了70%；宝洁公司的纸尿裤销售额也提高了50%，达到了30亿美元。宝洁公司在国内市场销售中的11%都是通过沃尔玛实现的，第二年这个数据上升到了20%（即156亿美元中的20%）。这次合作的巨大成功也为二者后续的深入合作打下了坚实基础。

从1962年到1989年，沃尔玛与宝洁终于摒弃了零和游戏，实现了在合作中走向共赢的目的。

理论启示

1. 随着全球化趋势的发展，国家、组织、个人之间的联系越来越紧密。牵一发而动全身，利益共同体的作用越来越明显。"损敌一千，自伤八百"的做法已经不适合时代发展的趋势。

2. 从零和游戏走向双赢，要求博弈双方要有真诚合作的精神和勇气，破除零和博弈式思维，在合作中不要小聪明，不要总想占别人的小便宜，要遵守游戏规则，否则双赢的局面就不可能出现，最终吃亏的还是合作者自己。

参考文章：

［1］宝洁-沃尔玛模式．零和博弈｜你死我活，还是我死你活，为什么不能和平相处！［EB/OL］．百度百科，2017-8-22．

（专家顾问：孙宇　文字：孟昕）

《童年的秘密》中蒙台梭利的智慧名言 | 名家名言

编者按：本期"名家名言"栏目，"BNU思享者"带您走近著名幼儿教育家蒙台梭利（Maria Montessori）。蒙台梭利的影响是广泛的，几乎对世界上每一个国家都有影响，可以说，在幼儿教育方面，她是自福禄培尔时代以来影响最大的一个人。蒙台梭利怀着努力揭示童年的秘密的坚定信念，以一种不屈不挠的精神投身于"儿童之家"的教育实践，并在总结实践经验的基础上提出了新的教育见解，对于20世纪以来的现代教育发展产生了深刻的影响。当瑞典教育家爱伦·凯（Ellen Key）1900年在《儿童的世纪》一书中首先提出"20世纪是儿童的世纪"之后，蒙台梭利的实践和著述活动使她被誉为"儿童世纪的代表"。而要想了解蒙台梭利的儿童教育理论，一定离不开她的经典著作《童年的秘密》。

作者简介：玛利娅·蒙台梭利（1870—1952）：意大利杰出幼儿教育家。

《童年的秘密》研究了6岁以下儿童的生理和心理发展及其特点，列举了许多富有启发性的例子，分析了幼儿心理歧变的种种表现以及成人与儿童的冲突，论述了幼儿教育的原则及教师和父母的职责。本书是作者对"童年的秘密"所做的探索和解答，对儿童的教育提出了许多新的见解，有助于人们了解儿童，了解儿童对人类的贡献。

16条经典格言

1. 当我们试图通过儿童心灵对他的环境的反应来追踪儿童心灵的发展，并目睹使儿童心灵陷入黑暗和扭曲的内在斗争的悲剧时，这一切可能有助于我们从根源上来研究人。P25-26

2. 对儿童纯洁心理状态的创伤是由一个处于支配地位的成人压抑儿童的自发活动造成的；通常跟对儿童影响最大的成人，即儿童的母亲有关。P26

3. 由于这种以自我为中心的观点，成人把儿童看作心灵里什么也没有的某种东西，有待于他们尽力去填塞；把儿童看作孤弱的和无活力的某种东西，为此成人必须为他们做所有的事情；把儿童看作缺乏精神指导的某种东西，需要不断地给予指导。P31

4. 我们对新生儿的态度不应该是一种怜悯，而应该是对创造的神秘的崇敬，不应该使一个有精神的人一直被限制在我们的感知范围之内。P38

5. 人的个性形成是"实体化"的一项秘密工作。儿童是一个谜。我们所能知道的是，他有着最丰富的潜力，但我们不知道他将成为什么人。P45

6. 儿童就像漆黑地狱里的一个灵魂，它渴望见到光明，它诞生、生长，缓慢而又实实在在地使迟钝的肉体生气勃勃，用意志的声音呼唤它。然而始终有一个拥有惊人力量的巨人站在边上，等待着猛扑过去并把他压垮。P47

7. 说母亲和父亲创造了他们的孩子，那是不对的。相反地，我们应该说"儿童是成人之父"。P49

8. 最初的毫厘之差会导致以后生活中的最大偏离。一个人可以在并非真正是他自己的精神环境中成长和达到成熟，但他就不能生活在一个应该是他生存的乐园之中。P58

9. 如果我们能使自己适应这个世界的话，那是因为儿童给了我们适应世界的工具。如果我们能意识到自我的话，那是因为儿童使这种意识成为可能。我们之所以富有，那是因为我们是儿童的后嗣，儿童始于一无所

有，为我们提供了未来生活的基础。P69-70

10. 儿童保留他所得到的清晰印象是绝对必要的，因为只有当这些印象清晰并且对它们进行了区分之后，他才能形成自己的智力。P74

11. 儿童的心理个性跟我们成人是截然不同的，这是一种性质上的差异，而不仅仅是程度上的差异。P79

12. 爱使得儿童能以一种敏锐和热情的方式去观察他环境中的那些特征，这一点对成人来讲相当重要，因为他们缺乏儿童的活力。P110

13. 儿童的爱从本质上讲是单纯的。他爱，是为了他可以获得感官印象，这种印象又给他提供了生长的媒介。P111

14. 我们必须认识到这个最重要的现实：儿童拥有一种精神生命，这种生命的微妙表现尚未引起注意，它的活动方式会被成人无意识地破坏掉。P115

15. 我们的儿童通过学习如何绕过各种物体而不碰撞它们，通过学习如何轻捷地跑步而不发出声响，变得敏捷和机灵。他们对自己能完善地完成这些动作而感到高兴。他们趣味盎然地去发现自己的潜力，并在他们的生命力不断展现的神秘世界中练习自己。P129

16. 教师必须沉静，这一点人们早就清楚地认识到了，但这种沉静通常被认为是一种性格，是一种非神经质。但是，这里的问题是，它是一种更深沉的平静，一种空白，或更好的、无阻碍的状态，这种状态是内心清晰的源泉。这种沉静由心灵的谦虚和理智的纯洁组成，是理解儿童所必不可少的条件，因此，在教师身上必须要有这种沉静。P140

参考文献：

[1] 玛丽亚·蒙台梭利. 童年的秘密 [M]. 马荣根，译. 单中惠，校. 北京：人民教育出版社，2005.

（文字：姜思羽）

《民主主义与教育》中杜威的智慧名言 | 名家名言

编者按：在人类数千年的教育史上产生过无数鸿篇巨制，尤其是近现代以来，许多教育家、思想家、理论家和实践家，通过对人类教育所进行的长期艰辛的探索、严密的思考和审慎的研究，撰写了不少对人类教育发展产生巨大而深远影响的伟大著作。"BNU思享者"与您一起回顾这些教育名家的智慧思想，本期带您走近著名教育家杜威（John Dewey）。杜威是美国教育界的巨人，他的《民主主义与教育》与柏拉图的《理想国》、卢梭的《爱弥儿》被西方学者并称为是三部不朽的教育瑰宝。要想了解杜威的实用主义教育哲学，就要从《民主主义与教育》这本书开始探索。

作者简介：约翰·杜威（1859—1952）：美国著名教育家、哲学家。

《民主主义与教育》（*Democracy and Education*）力图分析和陈述民主社会所蕴含的理想，并应用这种理想来谈论教育问题。全书共分26章，最初几章从非形式的教育谈到学校的兴起，概述了教育的社会职能和效用，指出了当前学校的严重缺陷以及改革的方向；其后各章便阐述民主社会的教育性质，明确教育即是生活、生长和经验改造的意义；再后各章是以实用主义教育哲学来理顺长期存在的兴趣和努力、经验和思想、劳动和休闲、个人和自然界、教育和职业等矛盾；最末两章论述了实用主义的真理论和道德论。

16 条经典格言

1. 社会不仅通过传递、通过沟通继续生存，而且简直可以说，社会在传递中、在沟通中生存。P9

2. 因为生活就是生长，所以一个人在一个阶段的生活和在另一个阶段的生活，是同样真实，同样积极的，这两个阶段的生活，内部同样丰富，地位同样重要。P60

3. 学校教育的价值，它的标准，就是看它创造继续生长的愿望到什么程度，看它为实现这种愿望提供方法到什么程度。P62

4. 教育的本质是顺从，而不是改造。P68

5. 教育就是经验的改造或改组。这种改造或改组，既能增加经验的意义，又能提高指导后来经验进程的能力。P87

6. 就学生的心智而论（即某些特别的肌肉能力除外），学校为学生所能做或需要做的一切，就是培养他们思维的能力。P167

7. 由于学校缺乏产生真正问题的材料和作业，学生的问题并不是他自己的；或者宁可说，这些问题是他自己的，但只是作为一个学生，而不是作为一个人。P171

8. 无论什么事，一个人必须自己做出反应。P188

9. 所谓虚心，就是保持孩子般天真的态度；而胸襟闭塞，就是在理智上未老先衰。P191

10. 教学的问题在于使学生的经验不断地向着专家所已知的东西前进。所以，教师既须懂得教材，还须懂得学生特有的需要和能力。P200

11. 教育者的问题在于使学生从事这样一些活动：使他们不但获得手工的技能和技艺的效率，在工作中发现即时的满足，以及预备为后来的应用，同时，所有这些效果都应从属于教育——从属于智育的结果和社会化倾向的形成。P213

12. 学生作业的目的愈合于人性，或者愈与日常经验所要求的目的相

近，学生的知识就愈真实。P215

13. 如果能预见到相当遥远而具有一定特性的结果，并且做出持久的努力达到这种结果，游戏就变成了工作。P221

14. 总是有一种危险，即我们所用的符号并不真正具有代表性；代表事物的语言媒介不能唤起不在目前的和遥远的事物，使之进入目前的经验，符号本身却将变成目的。P250

15. 教育并不是谋生的手段，而是与过富有成效和本身有意义的生活的过程是一致的，它所能提出的唯一最终价值正是生活的过程本身。P258

16. 一个进步的社会把个别差异视为珍宝，因为它在个别差异中找到它自己生长的手段。因此，一个民主的社会，必须和这种理想一致，在它们各种教育措施中考虑到理智上的自由和各种才能和兴趣的作用。P324

参考文献：

[1] 约翰·杜威. 民主主义教育 [M]. 王承绪, 译. 北京：人民教育出版社，2001.

（文字：姜思羽）

《大教学论》中夸美纽斯的智慧名言｜名家名言

编者按：英国大文学家莎士比亚（William Shakespeare）说过："书籍是全世界的营养品。生活里没有书籍，就好像没有阳光；智慧里没有书籍，就好像鸟儿没有翅膀。"法国作家蒙田（Michel de Montaigne）也曾说："炽热的爱情可以充实图书的内容，图书又是人们最忠实的朋友。"捷克著名教育家夸美纽斯（Amos Johann Comenius）也说："书籍是培植智慧的工具。"

透过这些名家的著作，我们或曾在人生迷茫之际如醍醐灌顶，明白"真的猛士，敢于直面惨淡的人生，敢于正视淋漓的鲜血"。或曾在思考不透彻时如接受阳光洗礼般灵光乍现，切身体会到"思想像胡须，不成熟就不可能长出来"。或曾在爱情失意之时重新振作，知晓"爱情不过是一种疯"。或曾在庆祝成功时告诫自己"重要的是努力"……

"BNU思享者"推出全新栏目"名家名言"，与您一起重回历史长河，重温名家名言。本期带您走近著名教育家夸美纽斯。夸美纽斯因在教育思想和教育理论上做出了划时代的贡献，被推崇为"教育学上的哥白尼"。《大教学论》囊括了其主要的教育学说，了解夸美纽斯丰富的教育思想，此书是绝对绕不开的丰碑式巨作。

作者简介：扬·阿姆斯·夸美纽斯（1592—1670）：捷克著名教育家。

《大教学论》（*GREAT DIDACTIC*）开篇就表示此书阐明"把一切事物

教给一切人们的全部艺术"。本书从人的终极目标出发，以学校教育的必要性为引子，采用理论论证来提出改良学校的方法，期冀实现学生快乐和坚实的进步。

15 条经典格言

1. 人心的力量是无限的，它在知觉方面像个无底的深渊。P14

2. 只有受过恰当教育之后，人才能成为一个人。P22

3. 只有在儿童时代，筋骨还能接受训练的时候，手和别的部分才能施以训练，做出熟练的动作。假如我们希望任何人有德行，我们就应在他的少年时期训练他；假如我们希望他在追求智慧方面得到巨大的进展，我们就应从婴儿时期就把他的能力领向这个方向，因为那时欲望正在沸腾，思想正很迅捷，记忆正很牢固。P27

4. 青年人最好还是一同在大的班级里面受到教导，因为把一个学生作为另一个学生的榜样与刺激是可以产生更好的结果与更多的快乐的。P31

5. 人人应该受到一种周全的教育，并且应该在学校里面受到。但是大家不可认为我们要求人人懂得（确切地或深刻地懂得）一切艺术与科学。P36

6. 教学艺术所需要的也不是别的，只不过是要把时间、科目和方法巧妙地加以安排而已。P57

7. 秩序是把一切事物教给一切人们的教学艺术的主导原则，这是应当，并且只能以自然的作用为借鉴的。P59

8. 如果我们的生命证明不够长，不能使我们做完伟大的事业，那便只能十分责备我们自己，因为我们浪费了我们的生命，一方面由于我们没有照顾它们，以致它们没有达到自然的限度，一方面由于我们把生命消磨在没有价值的目标上了。P62

9. 在开始任何专门学习以前，学生的心灵要有准备，使能接受那种学习。P73

10. 凡是没有被悟性彻底领会的事情，都不可用熟记的方法去学习，并且，若不是绝对有把握，知道孩子具备了记忆某件事情的力量，不可要求他去记忆。P91

11. 任何知识都不应该根据书本去教，而应该实际指正给感官与心智。对任何学科，都不可单用分析法，事实上应该偏重综合法。P99

12. 学生应当学习并彻底学习一切字的字源、一切结构的理由，和形成不同学科的规则所依据的原则。每件事物都应该通过它的原因去教导。P102

13. 学生们是能把刚刚学过的科目教给别人的，这种方法不仅可以使他们懂得彻底，而且可以使他们的进步来得更快。P121

14. 德行是由经常做正当的事情学来的。父母、保姆、导师和同学的整饬生活的榜样必须不断放到儿童的跟前。但是榜样之外，关于行为的教诲与规则也是必需的。P148

15. 严格的纪律不应当在跟学习或文术练习有关的事情方面去用，只能在道德问题遭到危险时用。P175

参考文献：

[1] 夸美纽斯. 大教学论 [M]. 傅任敢，译. 北京：教育科学出版社，2015.

（文字：李姿）